THIAGO GODOY

EMOÇÕES FINANCEIRAS

Caro leitor,
Queremos saber sua opinião sobre nossos livros.
Após a leitura, siga-nos no **linkedin.com/company/editora-gente**,
no **TikTok @EditoraGente** e no **Instagram @editoragente**
e visite-nos no site **www.editoragente.com.br**.
Cadastre-se e contribua com sugestões, críticas ou elogios.

THIAGO GODOY

EMOÇÕES FINANCEIRAS

UM GUIA PARA TRANSFORMAR A SUA RELAÇÃO
COM O DINHEIRO EM LIBERDADE

Diretora
Rosely Boschini

Gerente Editorial
Franciane Batagin Ribeiro

Assistente Editorial
Larissa Robbi Ribeiro

Produção Gráfica
Fábio Esteves

Preparação
Mariana Marcoantonio

Capa, Projeto Gráfico e Diagramação
Vanessa Lima

Ilustrações de miolo
Marcela Badolatto

Revisão
Gleice Couto
Wélida Muniz

Impressão
Edições Loyola

Copyright © 2023 by Thiago Godoy
Todos os direitos desta edição
são reservados à Editora Gente.
Rua Deputado Lacerda Franco, 300 –
Pinheiros, São Paulo, SP – CEP 05418-000
Telefone: (11) 3670-2500
Site: www.editoragente.com.br
E-mail: gente@editoragente.com.br

Dados Internacionais de Catalogação na Publicação (CIP)
Angélica Ilacqua CRB-8/7057

Godoy, Thiago
  Emoções financeiras : um guia para transformar a sua relação com o dinheiro em liberdade / Thiago Godoy. - São Paulo : Editora Gente, 2023.
  224 p.

  Bibliografia
  ISBN 978-65-5544-306-6

  1. Desenvolvimento pessoal 2. Finanças pessoais I. Título.

23-0470   CDD-158.1

Índice para catálogo sistemático:
1. Desenvolvimento pessoal

NOTA DA PUBLISHER

Lidar com dinheiro exige tanta sensibilidade quanto lidar com as nossas próprias emoções, basta olharmos para a taxa gigantesca de endividamento e para a ansiedade financeira como dois dos maiores problemas que temos hoje no Brasil. É bem provável que você tenha encontrado este livro pois possui uma relação conturbada com o dinheiro, precisa organizar melhor as suas finanças e não encontrou nada que efetivamente trouxesse as ferramentas de que você tanto precisa. Mas fique calmo ou calma, porque agora você tem a ferramenta certa em mãos!

Thiago Godoy, especialista em educação financeira e com uma carreira brilhante na área, traz nesta obra a solução para todos aqueles que estão patinando ao tentarem organizar as suas finanças pessoais. Aqui você entenderá que, para termos uma vida financeira saudável, precisamos olhar para as nossas emoções e estarmos dispostos a fazer as mudanças necessárias. Utilizando o autoconhecimento, a autorresponsabilidade e o autocontrole, **Emoções financeiras** é uma obra que fará com que você faça as pazes com o dinheiro de uma vez por todas.

Olhe para dentro de si, conheça o seu perfil e vamos juntos em mais uma jornada transformadora que fará você dar o próximo passo em direção à liberdade financeira. Boa leitura!

ROSELY BOSCHINI
CEO e Publisher da Editora Gente

Aos meus pais, Marília e Luiz, meus maiores exemplos. A Izabella e Angelina, que me lembram todos os dias do verdadeiro valor da vida.

AGRADECIMENTOS

A gratidão, para além de ser a maior das virtudes, é a mãe de todas as outras, segundo Marcus Tulius Cícero, grande filósofo da Roma antiga. Sabemos que ninguém constrói nada sozinho.

Gostaria de expressar minha profunda gratidão a todas as pessoas que me ajudaram a tornar este sonho uma realidade. Não sou apenas eu quem está celebrando hoje, mas todos os que acreditaram em mim e me apoiaram em cada passo desta jornada.

Aos meus pais, Marília e Luiz, que acreditaram na educação e sempre me apoiaram na busca dos meus sonhos, e ao meu irmão Victor, pela amizade eterna. À minha esposa Izabella, que esteve ao meu lado incondicionalmente durante todo o processo de escrita do livro. E ao Abilio Diniz, mentor cuja jornada de vida é uma grande inspiração para mim e que gentilmente aceitou escrever o prefácio desta obra.

Além disso, gostaria de expressar meu profundo agradecimento a Guilherme Benchimol, Nathalia Arcuri, Geraldo Rufino, Sofia Esteves e Lucio Santana, que me inspiraram com suas histórias de sucesso e empreendedorismo. Também quero agradecer aos colegas envolvidos com educação financeira no Banco Central do Brasil, CVM, B3, Anbima, e a todos os profissionais envolvidos nessa temática aqui no país.

Especialmente, gostaria de expressar meu agradecimento a José Alexandre Vasco, um pioneiro no desenvolvimento da educação financeira no Brasil, e a Annamaria Lusardi, reconhecida mundialmente por sua expertise nesta área, que tem sido uma fonte de mentoria e apoio para mim desde 2017.

Mas, acima de tudo, agradeço a todos aqueles que acreditam na importância da educação financeira para o nosso crescimento e transformação pessoal. A educação financeira é uma ferramenta vital para alcançarmos um futuro financeiro saudável e uma vida plena, de acordo com a OCDE. É uma ferramenta para a cidadania. Entender nossa relação com o dinheiro é fundamental para que possamos tomar decisões financeiras com base em informação e na consciência.

Juntos, podemos construir um mundo melhor. Muito obrigado a cada um de vocês, incluindo todos os professores envolvidos com educação financeira no Brasil, por fazerem parte desta jornada.

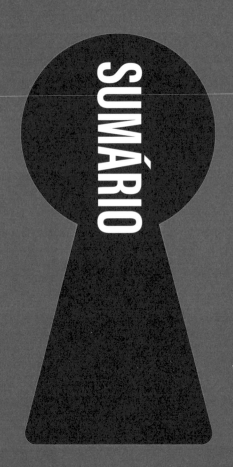

12	**Prefácio**
16	**Introdução**
36	**Capítulo 1:** O caos financeiro
60	**Capítulo 2:** A lente das crenças financeiras
68	**Capítulo 3:** Transforme a sua relação com o dinheiro em liberdade
90	**Capítulo 4:** 1ª etapa: autoconhecimento das emoções financeiras
134	**Capítulo 5:** 2ª etapa: autorresponsabilidade para tomada de decisões
152	**Capítulo 6:** 3ª etapa: autocontrole financeiro é tudo
168	**Capítulo 7:** Sem contraindicações, a hora é agora!
198	**Capítulo 8:** Uma nova era: a liberdade financeira
206	**Case bônus:** Como o autoconhecimento e a autorresponsabilidade construíram um case de empreendedorismo – A história de Lucio Santana
214	**Referências bibliográficas**

Quanto mais eu vivo, mais acredito que somos aquilo que escolhemos ser. Tudo o que consegui na vida foi com muita dedicação, muito esforço, muita garra e foco para atingir metas. A vontade de ser grande, de fazer coisas importantes e de ser feliz é uma escolha; e precisamos utilizar as ferramentas adequadas para vencer e atingir os objetivos.

Uma das questões fundamentais para alcançarmos aquilo que queremos ser na vida é a capacidade de gerar e gerir recursos. E não falo especificamente de recursos financeiros, mas, sobretudo, de recursos emocionais, intelectuais e físicos. Por isso gostei da abordagem do livro do Thiago, que, para falar de finanças pessoais, fala da vida como um todo.

Conheci o Thiago durante as gravações do curso "Os 7 Segredos da Prosperidade", que o Plenae, nossa plataforma de conteúdo sobre bem-estar, longevidade e qualidade de vida, realizou em parceria com a XP Investimentos em 2021. Thiago era o professor do pilar Financeiro, um dos sete temas tratados nessa jornada educacional.

Conversamos sobre os pilares da Plenae, que trabalha a mente, o corpo, o espírito, as relações, o propósito e o contexto; e sobre a questão financeira, que atua de modo transversal em nossas vidas.

Independentemente do que você planeja ser, de como vai conduzir sua vida, é preciso aprender a lidar bem com as finanças. Costumo dizer que comecei a fazer 80 anos quando tinha 29. Isso inclui trabalhar o corpo e a mente. E convém incluir também as finanças pessoais.

A crescente sofisticação do mercado financeiro, com opções quase infinitas de investimentos, pode deixar as pessoas perdidas, ansiosas, eternamente insatisfeitas. Sempre haverá um investimento que rendeu mais do que o seu, sempre haverá perdas pelo caminho. Por isso, é muito importante aprender a lidar com essa dinâmica e a tirar o melhor proveito de tantas oportunidades, para que as finanças ajudem você a ser o que deseja na vida. O Thiago, na sua atuação na XP e agora com este livro, realiza um trabalho oportuno, contribuindo para esse processo de conhecimento e autoconhecimento financeiro.

Eu sou um eterno aprendiz. Além de aprender, procuro compartilhar ao máximo o que aprendo. Por isso, escrevi dois livros, sou professor da Fundação Getúlio Vargas (FGV) e tenho feito dezenas de lives e programas de entrevistas na CNN Brasil. Thiago é mais jovem do que eu, e fico feliz em vê-lo também seguir nessa linha de aprender e compartilhar conhecimentos. No caso dele, nessa área tão presente, que é a financeira.

Ganhar dinheiro por ganhar dinheiro nunca foi o objetivo da minha vida. Procurei sempre extrair e acumular conhecimentos e experiências que pudessem me transformar não em uma pessoa rica, mas em um melhor empresário e ser humano. Este livro, ao ajudar o leitor a se conhecer melhor na dimensão fundamental das finanças, é um investimento valioso neste caminho.

ABILIO DINIZ

É presidente do Conselho de Administração da Península Participações e membro dos Conselhos de Administração do Carrefour Global e do Carrefour Brasil. Entre 2013 e 2018, foi presidente do Conselho de Administração da BRF, uma das maiores exportadoras de proteína animal do mundo. Durante uma década, fez parte do Conselho Monetário Nacional, entre 1979 e 1989. Ao lado de seu pai, foi responsável pela criação e pelo desenvolvimento do Grupo Pão de Açúcar, maior empresa de distribuição da América do Sul, cujo Conselho de Administração presidiu até setembro de 2013. Junto com Geyze Diniz, é cofundador do Plenae, hub de conteúdo sobre bem-estar, longevidade e qualidade de vida, que oferece dicas, reflexões, podcasts, entrevistas e pesquisas que possam estimular mudanças de hábitos. Ele é formado em Administração de Empresas pela FGV, onde ministra aulas no curso "Liderança e Gestão", dedicado à formação de novos líderes.

Mudar a maneira como você lida com o dinheiro proporciona uma bola de neve positiva, uma avalanche de boas mudanças para a sua vida.

@papaifinanceiro

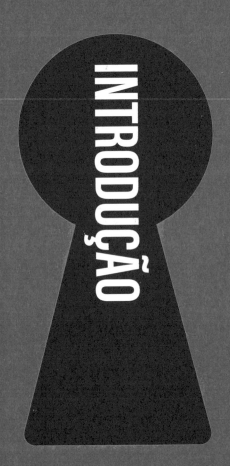

INTRODUÇÃO

O dinheiro é uma grande energia de transformação, um meio de troca, uma ferramenta poderosa que pode realizar quase tudo. Mas não tudo.

Sei que este assunto é forte, potente; não precisa ser difícil. Pode ser algo bem interessante, na verdade. Mudar a maneira como você lida com o dinheiro proporciona uma bola de neve positiva, uma avalanche de boas mudanças para a sua vida. Mas, para que isso aconteça, é necessário sair do óbvio, da superfície. Para transformar a sua relação com o dinheiro em liberdade, você precisa abrir primeiro o seu coração e depois a sua mente, e deixar-se conectar a este novo conhecimento. Esse é o principal convite que eu faço a você, já no primeiro parágrafo deste livro. Uma nova ideia é como um presente, uma luz que se abre na escuridão. Pois "a mente que se abre a uma nova ideia jamais voltará a seu tamanho original".[1]

Então, vamos juntos nessa jornada? Para começar, quero que você respire fundo e leia devagar a palavra: di-nhei-ro. O que sentiu?

Vou falar do que eu sinto. Muitas vezes fico animado, afinal de contas, dinheiro é bom demais, não é? Quando fecho um projeto, uma palestra ou consultoria, sinto satisfação pelo trabalho que vou realizar e pelo dinheiro que vai cair na minha conta. Mas muitas vezes também sinto medo, sobretudo quando penso que pode faltar. Tenho medo de não ter o suficiente, ainda mais agora que sou pai. Mas, afinal, quanto é suficiente? A resposta a essa pergunta é muito importante para o que eu proponho aqui.

---

[1] Frase atribuída a Albert Einstein e a Oliver Wendell Holmes.

Antigamente, antes de saber que existiam emoções por trás das minhas decisões financeiras, eu sentia vergonha de falar sobre dinheiro, porque a minha renda sempre acabava antes do fim do mês, e eu vivia com pensamentos de escassez. Hoje, as coisas mudaram. O dinheiro não acaba antes do fim do mês, pelo contrário. Obviamente não foi de um dia para o outro, mas **eu mudei a minha vida mudando as minhas decisões financeiras**. Como isso aconteceu?

Segundo o psicólogo Barry Schwartz, autor do livro *O paradoxo da escolha*,[2] nós, seres humanos, tomamos 35 mil decisões por dia. Você não leu errado: são, em média, 35 mil decisões! Para mudar qualquer coisa em nossa vida, precisamos antes de tudo mudar as nossas decisões. E, para tomar decisões diferentes, precisamos ter comportamentos diferentes. Mas apenas saber que é necessário mudar não é suficiente. Você sabe o que precisa ser feito, mas não faz. Por que isso acontece? De novo, é preciso sair do raso e entender o que está por trás do comportamento das pessoas. Por que as pessoas fazem o que fazem.

Em primeiro lugar, o comportamento de alguém reflete como essa pessoa pensa. Como você pensa determina o que você faz. E o que você pensa é totalmente influenciado por como você se sente.[3] Agora, há algo fundamental direcionando como uma pessoa se sente, que é a sua emoção crua. Você pode estar aí se perguntando: *sentimentos e emoções não são a mesma coisa?*

Não, sentimentos e emoções não são a mesma coisa. Emoções são sinais eletromagnéticos, ondas químicas que o nosso corpo recebe. Emoção é simplesmente energia (E) em ação. E sentimento é como uma pessoa interpreta essa emoção.

Então, para mudar decisões, precisamos mudar o comportamento; para mudar comportamentos, precisamos mudar o pensamento; para mudar pensamentos, precisamos mudar o sentimento; para mudar sentimentos, precisamos mudar a emoção – a energia em movimento a cada segundo do dia, que influencia cada decisão que tomamos o tempo inteiro.

---

[2] SCHWARTZ, B. **The paradox of choice**: why more is less. New York: Harper Collins, 2004.

[3] WHY you feel what you feel | Alan Watkins | TEDxOxford. 2015. Vídeo (20 min. 18 s.). Publicado pelo canal TEDx Talks. Disponível em: https://www.youtube.com/watch?v=h-rRgpPbR5w. Acesso em: 6 dez. 2022.

Suas emoções financeiras são a base dos seus resultados financeiros, e só é possível mudar os resultados se mudamos, primeiro, as emoções.

Fonte: *Do autor.*

As emoções financeiras refletem como funciona o nosso relacionamento com o dinheiro. A maneira como uma pessoa usa o próprio dinheiro depende de como se sente em relação a ele. Como estão suas decisões, seus pensamentos e seus sentimentos? Como está a sua relação com o dinheiro? Será amor platônico, que nunca se realiza? Ou uma relação sadomasoquista, com alguns momentos de prazer e muitos de sofrimento? Já parou para pensar o que faz você colocar a mão no bolso ou parcelar algo em doze vezes no cartão? Será que a sua relação é relaxada e você é do tipo que só guarda quando sobra?

Outra coisa que você vai aprender aqui é que **guardar e sobrar são palavras que não estão no meu vocabulário financeiro**, e quero que você as elimine do seu. Pense bem, alguma coisa apenas sobra quando você usou e abusou dela e aí, na "xepa da feira", você lembra que ainda tem "o que sobrou". Dinheiro não sobra. Você precisa *direcioná-lo* antecipadamente. A mesma coisa acontece com *guardar*. Você guarda uma roupa no armário, documentos na gaveta, e esses objetos ficam lá parados e até mofando, não é? Guardar não traz utilidade nenhuma. É energia parada. Dinheiro você investe. Investir é colocar o dinheiro em movimento; e movimento é transformação.

Se essa ideia parece inovadora para você, ótimo. Por isso estamos juntos aqui. Todos nós sempre temos muito a aprender, ainda mais quando falamos de dinheiro. E a verdade é que esse assunto é um grande tabu. Segundo um estudo realizado pelo Itaú Unibanco e pelo Datafolha sobre a relação emocional do brasileiro com as finanças, quase todos (97%) disseram ter dificuldade em lidar com o próprio dinheiro e a metade (49%) evita até mesmo pensar em dinheiro para não ficar triste.[4] Você não deve ter tido uma educação financeira formal, nem na escola e nem com a sua família. E há grandes chances de que os seus pais também não tenham tido. Este é um dos motivos que leva a maioria das pessoas a ter dificuldades em lidar com o dinheiro: elas não falam sobre isso abertamente.

Depois de uma década estudando e trabalhando com educação financeira, desenvolvendo e implementando projetos por todo o país e treinando milhares de pessoas em cursos presenciais e on-line; após uma pesquisa intensa de mestrado, para a qual entrevistei mais de quatrocentas pessoas endividadas, quero ajudar você a estabelecer uma relação mais saudável com o seu dinheiro. Eu tenho bastante claro que, em alguma medida, no fundo você tem medo de não alcançar a vida financeira que deseja.

Agora, se você ainda não mudou a sua maneira de pensar e se relacionar com o dinheiro, garanto que o investimento de tempo aqui neste livro vai render bons frutos – ou juros!

---

[4] TABU: um estudo sobre a relação do brasileiro com o dinheiro. **Itaú**. Disponível em: https://www.itau.com.br/content/dam/itau/varejo/educacao-financeira/pdf/estudo-itau-dinheiro20.pdf. Acesso em: 2 jun. 2022.

Este é um dos
motivos que leva
a maioria das
pessoas a ter
dificuldades em
lidar com o dinheiro:
elas não falam sobre
isso abertamente.

@papaifinanceiro

Você já parou para refletir sobre o que é o dinheiro?

A ideia de dinheiro já é bem maluca porque, na prática, ele não serve para nada. O dinheiro não é uma realidade objetiva. Por exemplo, imagine que você está em uma floresta, sozinho, levando uma mala com um milhão de reais. Aí começa a sentir fome, sede, frio. Fala para mim, de que vai adiantar todo esse dinheiro? De nada, não é mesmo? Você pode até comer o dinheiro, mas acho que o sabor não deve ser bom, e com certeza não o alimentará. E, para o frio, ele só vai servir se você pegar esse bolo de dinheiro e fizer uma fogueira. A fogueira mais cara da sua vida.

Sim, pouca gente vive na floresta e aqui na cidade o dinheiro é um meio para adquirir realidades bastante objetivas. Quando você entrega uma nota de 20 reais para o dono do mercado e ele a troca por uma dúzia de ovos e um pacote de biscoito, você e o dono do mercado acreditam que aquele pedaço de papel vale algo tão objetivo como a comida. E, por isso, o dinheiro na verdade é uma grande história.[5] Uma fantasia que foi tão bem-criada que todo mundo acredita sem duvidar. Pense bem, o dinheiro deve ser a melhor história que já foi contada. Temos muitas histórias boas, mas nem todo mundo acredita nelas.

Uma religião, por exemplo, é uma boa história. São inúmeras as religiões pelo mundo e que em sua essência possuem o papel de traduzir algo muito maior do que elas: a espiritualidade e a fé. A espiritualidade e a fé estão acima de qualquer religião. A tradução dessa espiritualidade não é exatamente a mesma entre católicos e muçulmanos, por exemplo. A história dos budistas também não é. São diferentes contextos para algo que tem uma raiz comum. E outra grande parte da população não segue nenhuma religião, certo? Há outras narrativas globais que se dividem entre os que acreditam e os que não acreditam. Há pessoas que não acreditam no aquecimento global, tem gente que não acredita nem que o planeta Terra é redondo. Mas coloque em uma mesma sala católicos, muçulmanos, budistas, ateus, agnósticos, cidadãos de países democráticos e de regimes extremistas, e ofereça a eles uma mala de dinheiro. Será que alguém vai recusar?

Todos, sem exceção, acreditam que o dinheiro funciona. É uma história poderosa, e essa grande moeda de troca age como uma espécie de óleo da

---

[5] HARARI, Y. N. **Sapiens**: uma breve história da humanidade. Porto Alegre: L&PM, 2015.

engrenagem de toda a nossa sociedade moderna. Saber usar esse óleo com inteligência é benéfico não apenas para o indivíduo, mas para todo o coletivo.

É um fato: eu, você e todas as pessoas precisamos aprender a lidar de maneira madura com o dinheiro. É como o amor-próprio. Você vai ter que conviver com você mesmo durante toda a sua vida, então a coisa mais inteligente que pode fazer é aprender a se amar antes de tudo. Ora, se eu não gostar da minha própria companhia, vou sofrer até o fim da vida.

Então, se não pretendo morar em uma floresta e vou precisar de dinheiro todos os dias, significa que eu tenho um relacionamento com o dinheiro. Seja bom, seja ruim. Mas não existe um manual perfeito para essa relação, assim como para os casamentos, por exemplo. Tem gente que se organiza muito bem e vive bem. Outros não controlam nada, e tudo bem também. Mas uma grande parte das pessoas tem uma relação insegura e caótica com o dinheiro, vive a famosa **ansiedade financeira**.[6] Já conhece esse termo? Mais para frente, falarei mais sobre isso.

No meu caso, eu perdia o sono quando não tinha o suficiente para pagar as contas do mês. Ficava irritado facilmente. Sentia medo da escassez. De fato,

---

[6] RYU, S.; FAN, L. The relationship between financial worries and psychological distress among U.S. adults. **J Fam Econ Issues**, 1 fev. 2022, p. 1-18. Disponível em: https://doi.org/10.1007/s10834-022-09820-9. Acesso em: 19 fev. 2022.

eu não estava no comando da minha vida financeira. E, se esse também é o seu caso, você faz parte da maioria. Saiba que a ansiedade financeira impacta pessoas que ganham pouco ou muito dinheiro. Com o tempo, eu percebi que não tem a ver com ter muito, mas mais com o papel que o dinheiro exerce na minha vida.

Foram as minhas emoções financeiras, ou seja, as emoções por trás do dinheiro, que estabeleceram a maneira como eu lidava com ele. Com o tempo, fui percebendo que essa relação não é tão racional como eu gostaria que fosse; ela é totalmente emocional.

Como a maioria das pessoas, a maneira que aprendi a lidar com as finanças foi com os exemplos que eu tinha em casa, que recebi dos meus familiares. Desenvolvi crenças desde a infância sem entender o quão prejudiciais poderiam ser para mim. Antes, o dinheiro funcionava como uma ponte para receber amor e atenção dos outros, para ser notado. Muitas das coisas que eu comprava eram tentativas de projetar uma imagem que eu gostaria de ter. Mas por que isso acontecia? Será que a sociedade nos estimula a acreditar que somos aquilo que temos?

O que eu sei é que no fundo o dinheiro não é apenas um pedaço de papel ou um número na minha conta bancária. **O dinheiro afeta a autoestima, a segurança, o humor, a necessidade de ser valorizado, o medo da rejeição.** E tudo isso influencia as decisões financeiras. Uma afirmação óbvia, mas vale lembrar: se a solução fosse apenas ter dinheiro, ninguém com renda alta ficaria endividado ou depressivo.

Precisamos tomar decisões financeiras, todos os dias. Algumas são bem simples, outras não são nada óbvias. Veja abaixo:

DECISÕES FINANCEIRAS

- *Só porque está na promoção preciso comprar?*
- *O 13º chegou. Guardo ou gasto?*
- *Parcelo as compras do mercado no cartão de crédito?*
- *Compro a prazo ou à vista?*
- *Uso o cheque especial como parte do salário?*
- *Espero ter o dinheiro para comprar ou financio tudo?*
- *Compro a marca mais conhecida?*
- *Me importo em ter roupas de marca?*

- *Tenho vergonha de pedir desconto na loja?*
- *Faço um parcelamento de trinta anos para adquirir um imóvel?*
- *Vivo de aluguel e separo uma parte da renda todos os meses para investir?*
- *Todos os meus amigos trocaram de carro; será que preciso trocar o meu?*

São essas e outras milhares de perguntas que fazem parte da nossa vida financeira, e todas as respostas têm origem nas emoções, não na razão.

Por mais que eu calcule as minhas decisões financeiras e entenda tecnicamente de juros compostos, inflação e até investimentos, a base dessas decisões envolve uma motivação emocional.

Então, se as decisões financeiras são tomadas, consciente ou inconscientemente pelas emoções, quanto mais eu me conhecer, melhor, não é? Heureca! O autoconhecimento é um processo essencial para a prosperidade financeira.

Vou deixar aqui mais algumas perguntas provocativas para que você reflita:

- Você já comprou algo para impressionar alguém? Deu certo?
- Como você se sente quando consegue identificar que uma propaganda está usando técnicas persuasivas ou manipulativas para fazer você gastar dinheiro?
- Se você morrer hoje, como as pessoas da sua família viverão sem seu suporte financeiro? Elas estão preparadas?
- O que você diria a um amigo ou parente que lhe pedisse dinheiro emprestado neste momento?
- Se você tivesse que reduzir 30% da sua despesa mensal com alimentação, quais itens você cortaria ou substituiria?
- A expectativa de vida está aumentando. Você está se preparando financeiramente para uma vida mais longa?

Sem entender quem eu sou hoje e o que realmente quero e preciso, tudo pode caminhar de maneira equivocada e destrambelhada na minha vida. E lá na frente isso poderá me dar uma sensação de estar vivendo uma vida inteira para agradar outras pessoas, pagando contas de coisas de que não preciso – ou pior, nem quero. **Uma vida vazia com armários cheios.**

Quando comecei a treinar o autoconhecimento todos os dias, tive consciência de que a única pessoa responsável por conquistar os meus objetivos seria eu mesmo. Só depois de pagar muitos juros e parcelar faturas, descobri que também precisava desenvolver minha autorresponsabilidade. Porém, na prática, para manter o plano e a energia em ação, preciso de vigilância constante – e você também vai precisar. Como já mencionei aqui, nós tomamos cerca de 35 mil decisões todos os dias.[7]

Com todas as ofertas que surgem a cada instante na internet, além das vitrines e gôndolas de supermercado, se eu não estabelecer as minhas prioridades, será muito mais fácil cair em tentações para o prazer imediato, como mimos e recompensas após uma semana cheia de trabalho.

Funciona mais ou menos assim: o seu dia pode começar tranquilo, ficar bem intenso durante a tarde, mas, se no fim do expediente você receber algum feedback que descer quadrado ou acontecer outro imprevisto, a chance do seu estado emocional se abalar é grande. Aí, diante de uma sensação de injustiça, desvalorização ou qualquer outro sentimento que incomode, você pode sair do seu eixo – e, consequentemente, do seu planejamento – com mais facilidade.

Conhece alguém que vai "dar uma passadinha no shopping para dar uma espairecida"? Nunca entendi quem vai passear no shopping. Até eu, que respiro este assunto, fico com mais vontades quando estou exposto às vitrines. Ir ao shopping para esfriar a cabeça é a mesma coisa que querer começar uma dieta em dezembro: pura ilusão.

Ou seja, mesmo treinando o autoconhecimento e assumindo a autorresponsabilidade, no dia a dia as coisas podem mudar bastante. Ir ao shopping comprar coisas dá prazer, mas pode afastar você de outros planos importantes. Tudo é muito bonito no papel, mas a vida real é cheia de imprevistos e surpresas. Por isso, o maior desafio para manter um plano em funcionamento é o autocontrole.

O caminho real para a liberdade financeira é muito mais profundo do que uma planilha. É um processo de autoconhecimento emocional para revisar as crenças que cultivamos durante toda a vida, mas que não precisam mais nos acompanhar. É justamente para compartilhar com você

---

7   SCHWARTZ, B. **The paradox of choice**: why more is less. New York: Harper Collins, 2004.

Se a solução fosse apenas ter dinheiro, ninguém com renda alta ficaria endividado ou depressivo.

o modo como eu tenho virado essa chave das emoções financeiras que escrevi este livro.

Não há nada de extraordinário na minha história, e por isso mesmo talvez você se identifique com ela. Eu não nasci na extrema pobreza e fiquei bilionário. Fui criado em uma típica família de classe média. Em boa parte da minha infância, eu, meu irmão e meus pais moramos em um apartamento de 90m². Nunca passamos por dificuldades, mas nada vinha fácil, a renda era controlada na unha. Não tínhamos coisas "de marca" e parte das nossas roupas, como casacos de frio, era minha mãe quem costurava. Na época, eu tinha vergonha disso porque os meus amigos usavam roupas importadas. Hoje, depois de tanto tempo, ao relembrar algumas cenas, minha cabeça balança negativamente de um lado para o outro enquanto dou risada de como eu me preocupava com isso.

Meus pais priorizavam a nossa educação, então meu irmão e eu estudamos no melhor colégio da cidade. Eu e ele dividíamos tudo, inclusive o quarto, e se no Natal vinha um presente bom, como um videogame, era, certamente, um presente para os dois.

Ter passado a vida toda em um colégio de altíssimo nível me fez conviver com amigos que tinham uma condição financeira bem melhor do que a minha. Muitas vezes, motivado pela vontade de me encaixar, eu me deparava com situações que me faziam sentir em desvantagem ou, ainda, envergonhado por não conseguir acompanhar a turma. **Eu me desvalorizava, de certo modo, por achar que não tinha dinheiro suficiente.** É curioso olhar para trás agora, com olhos de adulto, mas naquela época era doloroso para mim. Sabemos que as crianças podem ser cruéis, e falar de dinheiro sem fazer rodeios é raro.

Nossa vida financeira era estável, inclusive emocionalmente. Por sempre estarem controlados com os gastos, não me lembro de ver meus pais brigando por causa de dinheiro.

Na minha infância, nossa rotina mudava completamente nas férias. Lá pelo início dos anos 1990, costumávamos passar quinze dias na praia, em Guarapari, no Espírito Santo. E eram duas semanas mágicas, cheias de novidades. Logo no primeiro dia, meu pai me dava todo o dinheiro que eu usaria durante aquela longa quinzena. Eu me sentia "o adulto", pois era um bolo de dinheiro! E eu andava cheio de mim, com aquela grana toda fazendo volume no meu bolso.

Quem me via tinha certeza de que eu tinha acabado de roubar um banco. Eram muitas notas e, no auge da hiperinflação, me lembro de que com aquilo tudo eu conseguia comprar, por dia, um picolé e três fichas de fliperama. Três fichas por dia. Uma ficha de fliperama, 5 mil cruzeiros. Um picolé da Chicabon, que era lançamento, custava uns 20 mil cruzeiros! Quem aqui jogava fliperama entende o quanto era importante eu soltar o golpe certo na hora certa.

Mas eu não era assim tão bom e, na prática, sempre acabava com o dinheiro antes de a primeira semana terminar, o que mostra que nunca podemos subestimar uma criança de 8 anos no fliperama.

Bom, eu sentia vergonha, mas ia lá pedir um pouco mais de dinheiro para o meu pai. Ele me dava uma pequena bronca, mas acabava liberando mais algum trocado. Assim, eu ia tocando a minha vida financeira infantil.

Muitos anos depois, quando comecei a trabalhar e a gerar a minha renda, me comportava como a maioria das pessoas faz: gastava tudo o que ganhava. Meu padrão de vida era pautado pela minha renda. Quando eu recebia X, gastava X, quando eu passei a receber 3X, comprava coisas melhores e... gastava 3X! E assim foi acontecendo durante o tempo. Se tinha um gasto maior, eu parcelava no cartão e aguentava o tranco. Seguindo essa dinâmica como rotina, às vezes eu me complicava um pouco, mas nunca havia ficado endividado.

Até que, então, quase duas décadas depois dessa época de fliperama e picolé, eu tive outra oportunidade de me sentir rico de novo. Eu tinha juntado algum dinheiro e, aos 26 anos, fui para os Estados Unidos. Minha primeira viagem internacional. Quando cheguei a Nova York, me senti criança outra vez; me senti no filme do Superman na sessão da tarde. Só quem nasceu nos anos 1980 sabe do que estou falando.

Resultado: eu me empolguei além da conta. Já estava lá mesmo, dormindo em dólar, achei que não deveria perder tempo. Acabei, mais uma vez, gastando todas as minhas fichas antes do tempo. Dessa vez o meu pai não estava lá para me dar mais um bolo de dinheiro, só que tinha um negócio chamado cartão de crédito. Era invisível e indolor, parecia que era dinheiro meu, mas não era. Resumindo, eu me endividei pesado e levei quase um ano para pagar aquele rotativo do cartão.

Ainda hoje, quando vejo foto da Estátua da Liberdade, eu sinto taquicardia. Minha vida nos meses seguintes se resumiu a pagar o cartão. Eu senti muita vergonha e não contei para ninguém. Fui pagando como dava, sempre com a sensação de que estava perdendo muito dinheiro a cada mês. Virei uma espécie de agiota de mim mesmo.

A verdade é que eu me senti um idiota parcelando a fatura. Pagar juros é pagar pelo aluguel de um dinheiro que não é seu.

Eu aprendi com essa situação e prometi para mim mesmo que nunca mais ficaria negativo na conta; pelo contrário, sempre pouparia uma parte.

Como dizem por aí, o mundo não gira, ele capota! Pois bem, mal sabia eu que, muitos e muitos anos depois desse episódio do endividamento, seria chamado para trabalhar na Estratégia Nacional de Educação Financeira (ENEF), um grande projeto cuja finalidade é promover educação financeira para os brasileiros.[8] Que ironia da vida, não é mesmo? Acabei mergulhando de cabeça nesse universo, tive a oportunidade de rodar o país e desenvolver projetos com crianças, jovens, mulheres e idosos em vulnerabilidade, entre outros públicos. Viajei para vários países para apresentar os excelentes resultados desses projetos em fóruns internacionais e acadêmicos.[9]

Vi de perto o quanto a educação financeira poderia mudar a vida dessas pessoas e como aquele conhecimento libertava qualquer um para o desenvolvimento da autonomia, de uma consciência expandida para transformar sonhos em realidade. O assunto era tão fascinante que resolvi estudar mais a fundo. Paralelo ao trabalho, durante o meu mestrado,[10] entrevistei cerca de quatrocentas pessoas endividadas, em cinco cidades do país. Investiguei as principais razões que as levavam a agir assim.

---

[8] **BRASIL: implementando a estratégia nacional de educação financeira**. Disponível em: https://www.bcb.gov.br/pre/pef/port/Estrategia_Nacional_Educacao_Financeira_ENEF.pdf. Acesso em: 22 mar. 2022.

[9] Cherry Blossom Financial Education at Global Financial Literacy Excellence Center (GFLEC), Washington (EUA), abr. 2017; Money Smart Week, Chicago (EUA), abr. 2017; Association for Fundraising Professionals, New Orleans (EUA), abr. 2018; OECD-Russia symposium on financial literacy, Moscou (Rússia), out. 2018; 5th Child and Youth Finance International, Johannesburg (África do Sul), jun. 2019; Encuentro Sparkassenstiftung Latinoamérica y el Caribe, Quintana Roo (México), ago. 2019.

[10] GODOY, T. **O papel do comportamento financeiro e da educação financeira no endividamento**. Dissertação (Mestrado) – Fundação Getúlio Vargas. São Paulo, 2019. Disponível em: https://bibliotecadigital.fgv.br/dspace/handle/10438/28144. Acesso em: 15 maio 2022.

Pagar juros
é pagar pelo
aluguel de
um dinheiro
que não é seu.

@papaifinanceiro

O que encontrei na pesquisa foi o que eu já suspeitava. Independentemente da renda, gastar mais do que se ganha e ter dificuldades para poupar e investir são questões relacionadas à nossa própria maneira de ver o dinheiro e nos relacionar com ele.

Todas essas pessoas endividadas tinham, como eu tive, um sentimento de vergonha. Essa falta de organização financeira que acaba levando ao sofrimento. A ansiedade, a angústia, a desvalorização, a baixa autoestima e o medo são os principais sentimentos.

Mas nem eu, nem você, nem ninguém merece passar por isso. Esse perrengue não precisa fazer parte da sua vida! Quando aumentei a consciência quanto ao impacto que minhas emoções exercem nas minhas decisões financeiras, passei a lidar melhor com o dinheiro. Passei a entender que esse assunto não pode ser um tabu, que precisa ser fácil de ser encarado por todas as pessoas.

Passei a falar de dinheiro com a minha família, com os meus amigos. Meu relacionamento com a minha esposa melhorou significativamente. Falamos sobre sonhos, conquistas, prosperidade. Quando o dinheiro virou assunto, ele passou a se multiplicar.

Hoje, respiro este tema todos os dias. Profissionalmente, escrevi centenas de artigos, fiz dezenas de mentorias e sou professor de alguns cursos. Somando tudo, mais de 10 mil alunos já passaram por mim. Quero compartilhar aqui algumas histórias de pessoas comuns que, assim como eu, puderam mudar de vida por meio desse autoconhecimento financeiro de que tanto falo. Quero que, ao conhecer as histórias dessas pessoas, você possa refletir sobre a sua e, quem sabe, começar a mudar de vida também.

Nas páginas a seguir, vou compartilhar algumas das principais emoções e crenças que as pessoas cultivam, e como elas estabeleceram uma reconexão com a maneira de usar o dinheiro. Além de destravar emoções, crenças e comportamentos financeiros aprendidos de maneira errada durante a vida inteira, elas foram capazes de reconhecer padrões e eliminar as autossabotagens que estavam se impondo.

Com uma linguagem simples, sem "financeirês", e com histórias reais e práticas, espero que estas próximas páginas sejam uma boa jornada para que você, assim como eu, possa construir uma relação mais saudável com a sua vida financeira.

O processo de três etapas que me ajudou a mudar de vida, eu chamo de **Montanha dos Três Autos**. Sou fã de montanhas, e a sensação de escalar uma delas é indescritivelmente gratificante. Considero a jornada financeira como uma escalada. A base da montanha é o autoconhecimento, o meio é a autorresponsabilidade e o cume é o autocontrole.

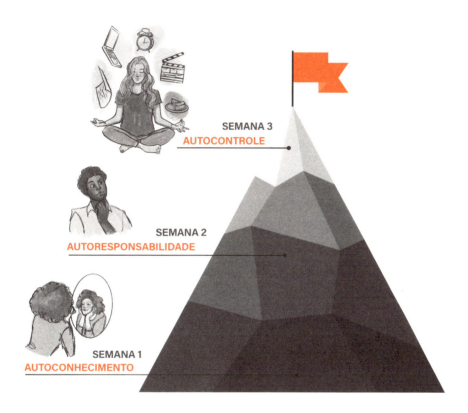

Escalar uma montanha não é algo simples, mas é possível para a maioria das pessoas. Saber o caminho, a trilha, sem dúvida ajuda bastante na trajetória. Espero funcionar como um farol no seu caminho, compartilhando a minha história e a de outras pessoas que fizeram essa trilha.

Minha recomendação é que você leia este livro em três semanas. Você pode demorar mais, ou até menos. Mas o conteúdo foi organizado para que você tenha tempo de apreciar o caminho, aproveitar as mudanças de altitude na sua escalada e, principalmente, chegar ao cume em plena forma.

O caminho é seu, e eu acredito que você pode mudar de vida, se assim quiser, por meio de um conhecimento que já deu resultados a muitas pessoas.

A liberdade pode vir de diversas maneiras, mas muitas vezes ela pode ser potencializada se estiver acompanhada de dinheiro.

Não importa sua faixa de renda, escolaridade e profissão: não existem contraindicações para mudar de vida.

O mundo é feito de oportunidades construídas, e não de oportunidades oferecidas pelos outros. O que você vai fazer a partir de hoje para criar a vida que quer ter?

Vire a página e vamos começar a nossa jornada!

O caminho real para a liberdade financeira é muito mais profundo do que uma planilha. É um processo de autoconhecimento emocional para revisar as crenças que cultivamos durante toda a vida, mas que não precisam mais nos acompanhar.

@papaifinanceiro

O CAOS FINANCEIRO

Nessa jornada em busca da liberdade financeira, descobri que o primeiro e um dos mais importantes passos foi entender o papel das emoções na minha relação com as minhas finanças. Depois de muita reflexão, percebi que a ansiedade, a angústia, a culpa, a desvalorização, a baixa autoestima, a frustração e o medo eram as principais emoções que atrapalhavam a minha relação com o dinheiro. E essas emoções existiam porque o dinheiro tem um grande simbolismo. O dinheiro, na verdade, está relacionado aos mais importantes atributos simbólicos pelos quais nós, seres humanos, lutamos: **conquista e reconhecimento; status e respeito; liberdade e controle; e poder**.

A relação com o dinheiro é emocional porque ter ou não ter dinheiro influencia nossa autoestima e nossa perspectiva de sucesso e de fracasso. Na sociedade, o dinheiro frequentemente é usado como medidor do valor de uma pessoa. Para muita gente, a quantidade de dinheiro que alguém possui pode influir no modo como essa pessoa é vista pelo seu grupo social.

Procuro abrir minhas mentorias com algumas perguntas diretas, que funcionam como um termômetro para entendermos a temperatura da nossa vida financeira. Tente responder com a maior sinceridade possível:

- De 0 a 10, quanto você se irrita por causa da sua situação financeira?
- Você já evitou abrir o saldo ou o extrato bancário no aplicativo do seu banco, ou olhar quanto seria a fatura do cartão de crédito?
- Enquanto verifica as suas contas, bate aquela ansiedade e, no fim, você tem até dificuldade para dormir ou concentrar-se no trabalho por causa das suas finanças?

Agora, pare para pensar nas suas respostas e analise se elas incomodam você. Já deve ter percebido que eu gosto de lançar questionamentos. Então aí vai mais um: mesmo que tenha uma boa renda, você sente desespero em pensar que não saberá o que fazer se, de um dia para o outro, ficar sem trabalho?

Em uma pesquisa realizada pela XP Investimentos e pelo Instituto Locomotiva em novembro de 2020, foi identificado que cerca de 77% dos brasileiros possuem sintomas de ansiedade financeira.[11]

Em grande parte das vezes, quem está devendo tem dificuldades para dormir e se concentrar no trabalho, e não conta sobre essa situação nem para a família. Não preciso dizer que isso acaba virando uma bola de neve – neste caso, negativa mesmo.

Quando fiquei endividado, acordei e percebi que a minha vida seguia um fluxo sempre igual: eu recebia o meu salário, pagava as minhas contas, tinha alguns gastos de consumo, de vez em quando acontecia algum imprevisto financeiro e até apareciam outros gastos. Antes do fim do mês, meu dinheiro já tinha evaporado. Nunca sobrava nada. Só depois de muito tempo eu entendi o quanto esse padrão era tóxico para a minha vida.

Hoje eu chamo esse modelo de **fluxo da vida financeira tóxica (FVFT)**.

FLUXO DA VIDA FINANCEIRA TÓXICA (FVFT)

Esse fluxo drenava as minhas finanças e me impedia de ser livre e de ter uma vida plena. Com o tempo, começou a afetar a minha saúde mental. Os

---

[11] ANDRADE, J. Medo de dinheiro? Quase 50% dos brasileiros têm pavor de encarar suas finanças. **Estadão**, 1º dez. 2020. Disponível em: https://einvestidor.estadao.com.br/educacao-financeira/medo-lidar-com-dinheiro/. Acesso em: 23 abr. 2022.

anos passavam, e eu vivia esse ciclo **trabalha – recebe – paga**, sem conseguir realizar sonhos. Quando resolvi viajar, fiquei endividado. Eu não tinha tempo para nada, não cuidava da saúde e não ficava com a família. A vida foi ficando cada vez mais sem sentido.

Esse padrão de comportamento com o dinheiro era uma herança ruim de um aprendizado errado. Uma herança que impedia que eu agisse de maneira consciente com as finanças. Uma herança que me prendia a padrões de escassez e me tornava refém da minha renda e, como consequência, refém de um trabalho ruim, no qual eu não me sentia valorizado – de uma situação insustentável. Eu estava caindo no que hoje chamo de **armadilha do padrão de vida**, conceito que vou explicar mais adiante.

Mas, então, como mudei isso? Nos próximos capítulos, vou mostrar a raiz desse comportamento tóxico com o dinheiro e como consegui construir um processo infinitamente melhor, que eu chamo de **fluxo da vida financeira saudável (FVFS)**. Nesse processo cada pequena parte de dinheiro que eu recebo no presente se torna um instrumento para a construção do meu futuro; foi com base nele que estabeleci um padrão de vida saudável e alinhado aos meus objetivos de vida hoje, amanhã e sempre.

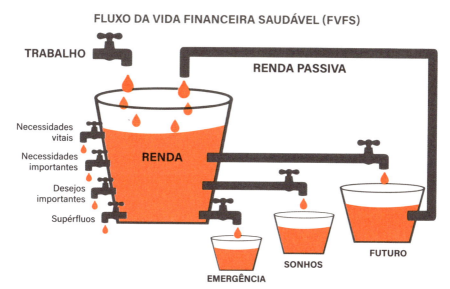

FLUXO DA VIDA FINANCEIRA SAUDÁVEL (FVFS)

Repare que, no FVFS, uma parte do dinheiro é logo direcionada aos investimentos, que, com os juros compostos operando no tempo, vão proporcionar a construção de sonhos e a liberdade financeira – o objetivo final.

Sem mexer na renda, você organiza a sua vida financeira e garante que, com tempo e um pouco de paciência, sua relação com o dinheiro se transforme em liberdade. Não se preocupe com a imagem. Neste livro, vou mostrar a teoria e a prática simples para fazer o FVFS funcionar.

Como falei, foi essencial reconhecer os meus padrões de comportamento com o dinheiro e entender como eles eram tóxicos. Esses foram os meus primeiros passos rumo ao autoconhecimento, que me libertou para uma nova trajetória financeira.

A seguir, conto a história de quatro pessoas que passaram por mentorias comigo. Como eu no passado, elas tinham emoções e comportamentos financeiros tóxicos. Você vai conhecer quatro histórias diferentes, que mostram como emoções e crenças podem levar ao caos financeiro.

Luciano, Daniel, Aline e Gabriela são nomes fictícios, mas os fatos aqui relatados são baseados em situações (bem) reais.

CASO 1
AS DÍVIDAS ESCONDIDAS

NOME	Luciano
PROFISSÃO	Engenheiro de software
IDADE	41 anos
RENDA MENSAL FAMILIAR	R$ 15.500
CARACTERÍSTICA TÓXICA PRINCIPAL	Apego a status
BASE PARA O DESEQUILÍBRIO	Ansiedade financeira

Em 2019, Luciano trabalhava em uma empresa multinacional e tinha uma renda mensal de 15,5 mil reais, fora os benefícios. Dois anos antes, quando ele e a esposa (Márcia, também engenheira) tiveram o terceiro filho, ela havia decidido ficar em casa cuidando da família. Para entender as razões pelas quais a família de Luciano ficou endividada, vamos voltar a 2014.

Naquela época, Luciano e a esposa trabalhavam e tinham uma renda conjunta de cerca de 35 mil reais. Com apenas um filho, o casal podia se dar ao luxo de ter uma empregada doméstica e uma babá em tempo integral. Colecionador de bons vinhos, Luciano gostava de frequentar restaurantes badalados e viajar em família. Era uma vida confortável, sem espaço para preocupações com o futuro.

Estavam financiando em longos trinta anos o apartamento em que moravam e parcelaram dois carros, sendo um deles importado. Entre custos fixos e variáveis, não sobrava um real para qualquer investimento. Como planejado, Márcia engravidou do segundo filho, mas, quando retornou da licença maternidade, foi demitida. A renda caiu drasticamente por alguns meses, o que obrigou o casal a vender um dos carros às pressas, por um preço inferior ao valor do mercado.

Meses depois, Márcia conseguiu outro emprego, com um salário que era a metade do anterior. Mesmo com a queda na renda, o casal não renunciou aos luxos que já faziam parte da rotina. Então, veio a surpresa: a gravidez do terceiro filho. Logo que a criança nasceu, perceberam que com a renda de que dispunham seria inviável manter a estrutura de babá e empregada doméstica. Márcia pediu demissão.

Para piorar, a empresa em que Luciano trabalhava descontinuou sua operação no Brasil, ele foi dispensado e teve que aceitar a primeira oportunidade que apareceu. Com mais uma queda abrupta na renda, de 35 mil reais para 15.500, e com custos cada vez mais elevados, a situação chegou ao limite.

Luciano não admitia reduzir seu padrão de vida; afinal de contas, tinha sido criado em um meio em que o sucesso financeiro era incentivado, em que ter um carro importado era sinal de sucesso. Para ele, seria impensável "regredir". Por isso, mesmo vendo a renda diminuir e os custos aumentarem, ele manteve o padrão a custo de empréstimos. As dívidas começaram a se acumular.

Luciano não contou para a família o tamanho das dívidas. A esposa não fazia ideia de que o marido devia mais de 200 mil reais e que seu apartamento estava em risco. Como consequência, ele não conseguia dormir, vivia irritado e preocupado, sua saúde mental estava comprometida e ele se sentia em um beco sem saída. O engenheiro não conseguia mais encarar o problema e vivia em um estado de negligência.

Depois de alguns meses de mentoria, a situação começou a mudar. O casal fez um plano em conjunto e empreendeu uma verdadeira faxina financeira. Hoje, depois de mais de dois anos em transformação, os gastos estão organizados e eles têm uma vida financeira muito mais saudável.

A ansiedade de Luciano se agravou e acabou virando uma fobia financeira, que é o medo paralisante de lidar com dinheiro. Em algumas pessoas, esse medo gera sintomas físicos, como aceleração dos batimentos cardíacos e até enjoo. Mas o que causa tudo isso? Como uma pessoa chega a ter fobia financeira? Descobri que é mais comum do que pensamos, e, em geral, ela se desenvolve a partir de experiências negativas que tivemos com o dinheiro, principalmente na infância. Não importa se a pessoa foi criada com muito ou pouco; a fobia financeira está associada a experiências negativas com o dinheiro.

Uma pessoa criada com **riqueza financeira, mas pobreza emocional** – que teve uma família que brigava muito por dinheiro – pode ter desenvolvido uma conexão traumática e inconsciente com a sua vida financeira. Luciano relatou que os pais estavam sempre ansiosos e preocupados com o orçamento da casa. Essa rotina pode ter afetado sua maneira de lidar com as próprias finanças. Os padrões que o cérebro dele criou a partir disso se enraizaram como crenças.

Mas não é nenhuma novidade que a situação financeira das pessoas em geral vai de mal a pior. Segundo o Serviço de Proteção ao Crédito (SPC), 48% dos brasileiros dizem que não administram suas próprias finanças.[12] Mas mesmo entre os que adotam algum controle, somente um terço (33%) planeja o mês com antecedência, registrando a expectativa de receitas e despesas do mês seguinte. Além disso, um em cada três usuários de cartão de crédito não sabe ao certo o quanto gasta em sua fatura.

Como veremos mais adiante, no Plano das Caixas e das Torneiras, a previsibilidade de gastos é apenas uma das técnicas que apoiam sua transformação financeira. Mas voltemos ao problema: a falta de organização financeira, que leva ao endividamento, que leva ao sofrimento. Por causa do endividamento, 54,8 milhões de brasileiros não pregam os olhos à noite. Os dados são de uma pesquisa do Instituto Locomotiva.[13]

---

[12] AMARO, D. 48% dos consumidores brasileiros não controlam as próprias finanças. **Edição do Brasil**, 21 fev. 2020. Disponível em: https://edicaodobrasil.com.br/2020/02/21/48-dos-consumidores-brasileiros-nao-controlam-proprias-financas/. Acesso em: 5 abr. 2022.

[13] MOURA, T.; GONÇALVES, R. Pesquisa aponta que inadimplência tira o sono e afeta saúde da população. **Correio Braziliense**, 28 maio 2019. Disponível em: https://www.correiobraziliense.com.br/app/noticia/economia/2019/05/28/internas_economia,757987/divida-faz-mal-para-a-saude.shtml. Acesso em: 24 mar. 2022.

A relação com o dinheiro é emocional porque ter ou não ter dinheiro influencia nossa autoestima e nossa perspectiva de sucesso e de fracasso. Na sociedade, o dinheiro frequentemente é usado como medidor do valor de uma pessoa.

@papaifinanceiro

Conforme a pesquisa realizada pelo Itaú, já citada anteriormente, 97% dos brasileiros têm dificuldades para lidar com o próprio dinheiro, e metade evita pensar em dinheiro para não ficar triste.[14] Então, o que fazer para combater a ansiedade financeira? Entendo que o primeiro passo é admitir que ela existe. Ficar acordado à noite nunca fez com que o dinheiro aparecesse como mágica na minha conta bancária.

Para controlar essa ansiedade, comecei a planejar o meu futuro. Foi o que me fez me sentir mais confiante com as minhas decisões financeiras, foi uma questão de educação, ação e respeito com o meu bolso e comigo mesmo. Como dizia o ex-presidente americano Abraham Lincoln, "tenha em mente que sua própria decisão para atingir o sucesso é mais importante do que qualquer outra coisa".

CASO 2
O MEDO DA ESCASSEZ

NOME	Daniel
PROFISSÃO	Gerente comercial de uma empresa de turismo
IDADE	44 anos
RENDA MENSAL FAMILIAR	R$ 5.000 (fixa) + comissões que variam de R$ 0 a R$ 30.000
CARACTERÍSTICA TÓXICA PRINCIPAL	Vigilância do dinheiro, ou seja, necessidade de controle do dinheiro
BASE PARA O DESEQUILÍBRIO	Ansiedade financeira

O salário fixo de Daniel, de 5 mil reais, não era suficiente para cobrir todas as suas despesas. Com três filhos em idade escolar, o financiamento de vinte anos da casa e dois carros na garagem, ele e a família tinham uma despesa de cerca de 12 mil reais por mês. Para essa conta fechar, ele utilizava as comissões que, nos meses mais generosos, como no fim de ano, podiam chegar até uns 30 mil reais – mas isso em um ou dois meses no ano; nos outros, variava entre 3 e 8 mil reais. Por ser

---

[14] GOEKING, W. Brasileiros ligam finanças pessoais a sentimentos ruins e perpetuam tabu sobre dinheiro. **Valor Investe**, 10 nov. 2020. Disponível em: https://valorinveste.globo.com/educacao-financeira/noticia/2020/11/10/brasileiros-ligam-financas-pessoais-a-sentimentos-ruins-e-perpetuam-tabu-sobre-dinheiro.ghtml. Acesso em: 24 mar. 2022.

um setor bem sazonal, muitos meses eram bem fracos em vendas, ou seja, sem comissão.

Daniel havia construído toda a sua carreira no setor de vendas e já estava acostumado com as variações de renda. Mas a familiaridade com essa rotina não era suficiente para que ele se planejasse. Alguns anos antes, quando a esposa estava grávida do segundo filho, Daniel foi demitido. Ficou um bom tempo sem nenhuma renda e teve que morar com a família, de favor, na casa dos sogros. Segundo ele, aquele período foi um dos mais angustiantes da sua vida. Depois de tantos anos trabalhando duro, não havia poupado o suficiente para mantê-los por mais de dois meses.

Esse período de privação deixou em Daniel um medo extremo de que aquilo pudesse acontecer de novo. Por isso, nos últimos anos, ele segurou ao máximo qualquer tipo de gasto que não fosse essencial.

Ele não saía para programas em família, nenhum restaurante, cinema nem qualquer lazer que tivesse custo. Tudo que fosse considerado – por ele – supérfluo era riscado da lista.

Daniel desenvolveu o que na Psicologia do Dinheiro[15] é chamado de **vigilância do dinheiro**, quando a pessoa sente necessidade de exercer um controle maior do que o saudável (falarei sobre esse tema mais adiante). Ele era regido pelo medo e não conseguia aproveitar a vida com a família.

Quando me procurou para a mentoria, seu intuito não era aprender a poupar, mas, sim, aprender a usufruir do seu dinheiro sem tanta preocupação.

Você pode argumentar que Daniel ganhava pouco e tinha custos altos, por isso nunca conseguiria sair desse ciclo. Aí é que está a questão-chave. O problema do Daniel não era a renda dele, mas sua falta de planejamento, visão e clareza sobre o que era preciso para ter uma vida financeira equilibrada.

---

[15] A Psicologia do Dinheiro é uma linha de estudos no campo da Psicologia, que se dedica a compreender as atitudes dos indivíduos em relação a dinheiro, seu uso desde a infância até a vida adulta, passando pelo cotidiano, família, trabalho, e incluindo as patologias financeiras. A Psicologia do Dinheiro estuda de modo multidisciplinar os comportamentos monetários dos indivíduos, suas irracionalidades no uso do dinheiro que ultrapassam as explicações lógicas no processo de tomada de decisão, bem como suas influências no comportamento humano.

Você imaginaria que atletas milionários podem ir à falência rapidamente por falta de planejamento?

Um relatório da revista americana Sports Illustrated de 2009 estimou que 78% dos jogadores da Liga de Futebol Americano (NFL) estão passando por estresse financeiro apenas dois anos depois de se aposentarem, e cerca de um em cada doze atletas vai à falência em até doze anos de aposentadoria.[16] Cerca de 60% dos jogadores da Liga de Basquete Norte-Americana (NBA) sofrem o mesmo destino após cinco anos de aposentadoria.[17]

É loucura pensar que uma pessoa que ganha milhões de dólares durante vários anos pode ir à falência por não entender como funciona a dinâmica do dinheiro. Mas a boa notícia é que há o outro lado. Nos projetos que desenvolvi, conheci inúmeros casos de pessoas com salários modestos que construíram uma vida financeiramente tranquila com disciplina e consistência.

Na minha vida financeira, quando comecei a identificar os meus freios, como no caso do Daniel, ou o meu impulso de cair na ganância, entendi que ganhar dinheiro, além do esforço do trabalho, requer tempo, dedicação e gestão de pensamentos e emoções.

Uma das mentorias que mais me marcaram foi a da Aline. Eu chegava a me emocionar nos primeiros encontros, quando ela me contou as origens de sua insatisfação. No começo, ela não tinha nenhuma clareza do que estava acontecendo. À medida que as conversas avançavam, um novo mundo se abriu.

---

[16] CARLSON, K. et al. Bankruptcy rates among NFL players with short-lived income spikes. **American Economic Review**, v. 105, n. 5, p. 381-384, maio 2015. Disponível em: https://www.aeaweb.org/articles?id=10.1257/aer.p20151038. Acesso em: 13 abr. 2022.

[17] PARKER, T. Why athletes go broke. **Investopedia**, 19 jun. 2022. Disponível em: https://www.investopedia.com/financial-edge/0312/why-athletes-go-broke.aspx#:~:text=A%202009%20Sports%20Illustrated%20report%20estimated%20that%2078%25,bankruptcy%20within%20just%2012%20years%20of%20retirement.%202. Acesso em: 13 abr. 2022.

CASO 3
O QUE ESTÁ ESCONDIDO POR TRÁS DA NECESSIDADE DE MOSTRAR SUCESSO

NOME	Aline
PROFISSÃO	Médica
IDADE	36 anos
RENDA MENSAL FAMILIAR	R$ 62.000
CARACTERÍSTICA TÓXICA PRINCIPAL	Necessidade de mostrar sucesso
BASE PARA O DESEQUILÍBRIO	Pais que são *stage parents*

A história da Aline me mostrou como a nossa conexão com o dinheiro tem muito mais camadas e abas do que supõe uma planilha de Excel. Ela era muito bem-sucedida, tinha sido a primeira e única pessoa a se formar em Medicina na família.

Mas, antes de falar do sucesso da Aline, vou contar um pouco do que sei de sua infância e adolescência. Ela sempre foi super disciplinada e estudiosa. Tinha um ótimo desempenho escolar, era bem o estereótipo da melhor aluna da classe, talvez até da escola. Era uma clássica nerd, mas também tinha uma forte inclinação artística. Desde os 6 anos se destacava nas aulinhas de balé da escola. Aline sonhava em ser bailarina e, por insistência dela, aos 8 anos a mãe a matriculou em uma famosa escola de balé onde a menina havia conseguido bolsa.

A infância e a adolescência de Aline foram marcadas por treinamento intenso e centenas de apresentações artísticas. Ela chegou a competir em festivais europeus e, nessa época, decidiu que ia seguir a carreira de bailarina profissional. Queria tentar uma vaga no famoso Bolshoi, em Moscou, ou na Juilliard, em Nova York. Mas, para sua família, essa era uma realidade impossível tanto financeira quanto geograficamente. Aos poucos, foram desencorajando Aline de realizar seu sonho.

Quando começou a pressão para o vestibular, sua mãe não dissimulou a preferência por Medicina. Ela achava que a filha precisava usar o talento acadêmico para uma carreira que desse status e dinheiro. Então, para dar conta da rotina de estudos, Aline abandonou de uma vez por todas, e contra sua vontade, a carreira no balé. Ela fez a sua parte e estudou bastante. Por amor à mãe, acabou prestando vestibular para Medicina; passou de primeira. Então, imediatamente, se tornou o orgulho da família.

Mas isso não é suficiente, certo?

Logo no início da faculdade, Aline percebeu que estava no lugar errado, que não se conectava com o curso. No desespero, chegou a falar com a mãe sobre desistir. Parece que toda a família ficou contra e fez certa chantagem emocional.

A pressão dos pais não é algo fácil de lidar. Ela não queria decepcionar a família, afinal "era uma filha exemplar". E me parece que, por ter se apegado a esse papel que lhe designaram, seguiu em frente até se formar. Pelo que percebi, na visão da família toda, Aline era uma grande vencedora. Mas ela mesma, por dentro, à medida que os anos passavam, foi se tornando cada vez mais amarga por aguentar aquela situação. Senti que esse papel da "Aline exemplar" se tornou um peso insustentável na vida dela.

Ela acabou se destacando na carreira de médica. Era muito disciplinada e seria questão de tempo até que fosse reconhecida. Aos 36 anos, já tinha uma renda mensal de mais de 60 mil reais – e um padrão de vida muito superior ao da família. Já havia comprado uma casa para os pais e os ajudava com as contas.

Mas era óbvio que algo não ia bem. Ela chegou até mim desesperada e com dívidas em três cartões de crédito. Com o passar do tempo, descobri que Aline havia se tornado obcecada em mostrar o seu sucesso. E ela fazia isso pelas coisas materiais: o carro importado, o belo apartamento, as viagens na primeira classe. Tinha se tornado uma pessoa materialista que, no fundo, só queria ser aceita. Mas queria ser aceita por um talento que a impediram de desenvolver. Então, era como se ela quisesse se vingar de alguém. Mesmo com uma renda alta, se sabotava e se afundava em dívidas, comprando um luxo que, mesmo para ela, era inacessível.

Aline levava uma vida que não queria para agradar as expectativas da família. Pesquisei sobre essas figuras parentais zelosas que pressionam o filho a se tornar alguém que eles mesmos não haviam se tornado e encontrei o que na Psicologia é chamado de *stage parents* ("pais de palco").

Para ser aceita e por medo de decepcionar, ela se apegou à rotina de se mostrar bem-sucedida. Como se o dinheiro pudesse compensar a falta de realização profissional, já que queria ter sido bailarina.

Pode não ser esse o caso, sua necessidade de compras compulsivas pode ter outras motivações. Minhas mentorias são financeiras, não psicoterapêuticas, mas a impressão que tive foi de que a frustração que ela engoliu ao longo dos anos acabou desconectando Aline de sua essência. E esse desequilíbrio a faz agir de maneira irresponsável com seu dinheiro.

Chamo o que Aline fez com sua vida financeira de **armadilha do padrão de vida**. Funciona assim: à medida que a sua renda vai aumentando, seus gastos vão aumentando também. É aquela história de "quem ganha 3 vive com 3, quem ganha 30 vive com 30".

Por certo tempo, eu também vivi assim, mas hoje aplico uma regra sagrada na lida com o meu dinheiro. Uma regra até que simples, mas que eu não seguia antes de ficar endividado: independentemente do valor da minha renda, nunca gasto tudo o que ganho e sempre poupo e invisto o máximo que consigo.

Essa sabedoria financeira me faz reservar uma parte da minha renda e investi-la em sonhos que quero realizar no futuro. Hoje, vivo em um padrão alguns degraus abaixo daquele em que eu poderia viver, e acho libertador. Um carro mais caro traz mais conforto, e uma prisão de custos novos. Toda vez que vou tomar uma decisão financeira mais importante, eu penso: quanto renderia esse dinheiro todo ano em uma aplicação de renda fixa segura?

Para você ter uma ideia melhor do que eu estou falando, vou usar o carro como exemplo. Hoje em dia, a maioria dos carros custa mais de 100 mil reais. Um carro importado, então, passa dos 300 mil. Vamos ficar com o de 100 mil. Esse dinheiro aplicado em um investimento simples e seguro, como o Tesouro Selic, rende quase 14 mil reais em um ano.[18] Isso dá mais de mil reais todos os meses. Com esse dinheiro, uma pessoa pode ir de táxi ao trabalho todos os dias. O carro ainda tem os custos embutidos de IPVA, seguro e manutenção, que são proporcionais ao padrão do modelo escolhido. Estamos falando de carros, mas aplico esse raciocínio em quase tudo o que diz respeito à minha vida financeira.

---

18 Resultado a partir da taxa Selic de 13,75% ao ano (nov. 2022). É importante considerar que o valor da Selic oscila durante o tempo.

Muitos dos meus alunos tinham dois carros e venderam um para investir o dinheiro. Outros tantos venderam os dois e vivem de táxi e carro de aplicativo. Mas, de novo, educação financeira tem a ver com escolhas. Não existe uma fórmula universal, mas, sim, o que funciona para cada um.

O gráfico 1 ilustra como ficaria, com o tempo, a vida financeira de uma pessoa que caiu na armadilha do padrão de vida.

*Tempo vivido como aposentado. **Fonte:** Do autor.

A armadilha do padrão de vida é a base que resulta no fluxo da vida financeira tóxica. Note que a renda (em preto) aumenta gradativamente durante os anos enquanto o profissional se desenvolve, atingindo um pico financeiro por volta dos 50 anos de idade. Os gastos (em laranja), porém, acompanham essa renda e quase não há investimentos (em cinza) durante a vida.

Quando a pessoa se aposenta, os gastos continuam altos, mas a renda diminui drasticamente, negativando a situação financeira em uma fase importante e obrigando a pessoa a perder qualidade de vida e ser dependente financeiramente, mesmo depois de tanto trabalho. Imagina viver a maturidade assim, dependendo de dinheiro dos outros? Ninguém quer se tornar um peso financeiro para os filhos, para a família.

É evidente que esse é um exemplo da média da população, não é uma verdade absoluta. Existem inúmeros cenários que podem funcionar para uma pessoa. Mas, em geral, esse fluxo tóxico é uma dor para muita gente.

Para mudar esse cenário há o outro caminho, que chamei de fluxo da vida financeira saudável e resulta na **jornada do investidor**. É o processo que

Os nossos relacionamentos são emocionais, o nosso trabalho é emocional, e a nossa relação com o dinheiro, também. E um dos maiores erros que vejo as pessoas cometerem é acreditar que dinheiro é um assunto apenas matemático.

possibilita a uma pessoa aplicar um bom plano, no qual a renda é sempre maior do que os gastos e há espaço para fazer investimentos até alcançar a liberdade financeira.

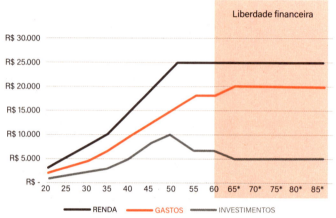

GRÁFICO 2: JORNADA DO INVESTIDOR – FVFS

*Tempo vivido como aposentado. **Fonte:** Do autor.

O gráfico 2 mostra como é possível melhorar a vida financeira. Esse é o caminho que eu tenho traçado e ajudado meus alunos a desenvolverem. A renda (preto) é a mesma que no gráfico anterior, mas, à medida que a renda aumenta, os gastos (laranja) aumentam em uma proporção menor do que a renda, abrindo espaço para que a pessoa invista cada vez mais durante sua época produtiva. O padrão de vida aumenta gradativamente até que a pessoa consiga ter estabilidade financeira mesmo após se aposentar, alcançando a liberdade financeira.

Por viver um caos financeiro, Aline foi capturada pela armadilha do padrão de vida e virou escrava dele. Conheci pessoas que mantinham trabalhos insustentáveis para garantir o padrão que criaram. Uma vida cara pode custar muito mais do que dinheiro; pode custar saúde mental, relações afetivas e tempo – bens preciosos. Quando somos donos do nosso tempo, parece que tudo fica mais fácil. A falta de dinheiro acaba sendo um grande limitador do nosso tempo.

CASO 4
QUANDO NÃO SABEMOS DIZER "NÃO"

NOME	Gabriela
PROFISSÃO	Analista de sistemas
IDADE	32 anos
RENDA MENSAL FAMILIAR	R$ 7.900
CARACTERÍSTICA TÓXICA PRINCIPAL	Não sabe impor limites
BASE PARA O DESEQUILÍBRIO	Alta carga de trabalho

Gabriela veio para a mentoria por meio de uma indicação. Sua irmã, uma grande amiga, estava preocupada com os rumos que a vida dela estava tomando e me pediu ajuda. O que Gabriela estava vivendo representa a vida de milhões de mulheres no Brasil. Ela estava completamente sobrecarregada, com medo de perder o emprego – que detesta, por sinal – e por isso se sujeitava a rotinas de trabalho cada vez mais extensas. Ela estava exausta.

Era fim de 2020, e Gabriela trabalhava em esquema de home office, se esforçando para dar conta de tudo: casa, dois filhos pequenos e demandas do trabalho. O marido, que ficava fora o dia todo, só conseguia dividir as tarefas quando chegava, já à noite. Acho que se eu pudesse desenhar o que ela me falava, faria uma malabarista tentando equilibrar diferentes pratinhos girando em varetas. Qualquer descuido e se espatifam no chão.

Percebi que Gabriela estava disponível para o seu emprego 24 horas por dia; o trabalho e a vida pessoal se transformaram em uma coisa só. Ela trabalhava durante o café da manhã e depois do jantar. Respondia e-mails e mensagens do trabalho aos finais de semana. A ansiedade causada pela rotina puxada se somava ao temor de perder o emprego. Ela falava que não sabia como se virariam apenas com a renda do marido, que era de pouco mais de 4 mil reais.

O casal nunca tinha se preocupado em poupar e investir, nem ao menos reuniram uma reserva para imprevistos. Pelo que analisei, eles até poderiam ter feito isso, já que a renda era suficiente para custear uma vida simples, com algum conforto. Após algumas seções de mentoria, o casal começou a reverter a situação. Venderam um dos carros e começaram a economizar ao máximo. Como resultado, em apenas um ano conseguiram poupar um valor razoável para imprevistos.

E essa foi a salvação de Gabriela. A folga financeira que conseguiram nesse período foi determinante para ela tomar a decisão de pedir demissão do emprego que já não fazia mais sentido para sua vida. Essa folga também permitiu que ela tivesse tranquilidade para escolher, com calma, seu próximo desafio profissional.

Infelizmente, vejo que são poucas as famílias que conseguem acumular alguma reserva para emergências. Muitas incorrem no erro do efeito sanfona, a mesma dinâmica causada por uma dieta alimentar falha. A pessoa economiza, ou seja, faz uma dieta financeira, mas gasta tudo só para atender a um desejo de consumo irrefreável, zera a reserva e acaba até endividada. Esse ciclo de decisões sem critério se repete indefinidamente.

A história da Gabriela e do marido terminou bem, mas eu sempre me pergunto: se eles não tivessem feito uma reserva, até quando ela teria conseguido continuar naquele ritmo frenético de trabalho, arriscando a própria saúde?

O PREÇO DE IGNORAR AS EMOÇÕES

Quantas pessoas como Luciano, Daniel, Aline e Gabriela você conhece? Talvez tenha até se identificado com algum deles. Não aceita a queda da renda e continua gastando como antes, colocando o futuro da família em risco, como Luciano? Controla tanto o dinheiro a ponto de não gozar o que ele pode proporcionar, como Daniel? Ou será que você está comprando coisas sem sentido para preencher um vazio, como Aline? Ou, ainda, como Gabriela, sujeita-se a rotinas de trabalho extenuantes por medo de perder o emprego, e, afinal, não guarda nada?

Trouxe aqui apenas quatro exemplos de como as emoções impactaram a experiência financeira de algumas pessoas. As coisas mais importantes da nossa vida possuem uma forte carga emocional. Os nossos relacionamentos são emocionais, o nosso trabalho é emocional, e a nossa relação com o dinheiro, também. E um dos maiores erros que vejo as pessoas cometerem é acreditar que dinheiro é um assunto apenas matemático.

Antes de saber lidar com ele, eu acreditava ingenuamente que existiam respostas únicas para perguntas complexas. *Quando sei se devo comprar ou alugar uma casa? Devo aceitar este trabalho? Devo negociar um salário mais alto?*

É certo que fazer as contas me ajudam a responder a essas perguntas, mas não existe uma fórmula exata para tomar decisões financeiras. Comprar uma casa significa que eu não vou precisar pagar aluguel. O aluguel, por outro lado, poderá me ajudar a morar em qualquer cidade que eu quiser, me dará mais liberdade geográfica. São decisões que consideram fatores além da lógica matemática.

O QUE É SER RICO?

Sempre me fiz essa pergunta. Riqueza é um conceito complexo – e relativo – mesmo dentro das finanças, mas, de certa maneira e até inconscientemente, as pessoas querem enriquecer. Quando eu era criança, enxergava como ricas aquelas pessoas da novela que se sentavam em um banquete para o café da manhã, tomavam um gole do suco de laranja e logo se levantavam. Afinal de contas, por que elas nunca bebiam o suco todo?

    Quando tento olhar para a riqueza financeira, também encontro dilemas. Rico é quem tem um jatinho? Quem só viaja de primeira classe? Quem tem um carro importado? Quem tem um carro? Rico é quem come em restaurante, ou quem come carne todos os dias? Ter um carro importado e estar com a empresa em recuperação judicial é ser rico? O conceito de riqueza é muito relativo, pois sempre vamos olhar para alguém mais rico do que nós e considerar aquela pessoa rica. Então, ricos sempre são os outros, que estão em um ou vários degraus financeiros acima do seu?

    Conheci pessoas com uma grande riqueza financeira e uma igualmente grande pobreza de espírito. Também já tive a oportunidade de conhecer gente com pouca riqueza financeira, mas com uma riqueza humana infinita. E, claro, conheço muitas pessoas que alcançaram a prosperidade financeira justamente por serem seres humanos extraordinários. No fim, acho que todo mundo quer enriquecer. Seja em riqueza material ou humana, prosperar é evoluir, tornar-se uma pessoa melhor.

    Aqui, quero compartilhar um pensamento que me ocorre com frequência. Parece que fomos treinados para separar o sucesso emocional do sucesso financeiro. Ou seja, não importa se a pessoa está emocionalmente um desastre, o importante é ela estar com o bolso cheio? Todas as vezes que penso nisso, lembro que a minha inteligência emocional é a maior aliada da minha inteligência financeira.

    Quando entendo melhor a razão do que estou sentindo em relação às minhas decisões financeiras, tudo vai ganhando explicação. Parece intangível, mas é uma questão de treino, porque não somos educados para ter inteligência emocional. Já aconteceu com você de se sentir triste e não saber a razão? Ou de brigar com alguém e não entender nem o motivo da briga? Entender sobre a origem dos sentimentos é desenvolver inteligência emocional. Qual o real motivo de eu estar sentindo isso? Ter saúde emocional é enfrentar a realidade.

Por exemplo, quando eu quero comprar algo que é muito importante para mim, posso ficar mais otimista do que o meu normal e com isso não considerar os riscos de que aquilo pode me gerar algum arrependimento. Não sei você, mas eu já tomei várias decisões ruins. Segui o meu instinto e, de repente, deu ruim! Quando olho para o passado, fica bem fácil entender o que não consegui ponderar para tomar a decisão. Tenho aprendido que minhas emoções exercem uma influência absurda na maneira como a minha mente funciona.

Costumo fazer um exercício bem simples. Penso na última decisão financeira que tomei no dia. Não importa se foi um café e um pão na chapa na padaria perto do trabalho ou se foi uma compra on-line antes de abrir os meus e-mails. Também pode ser que eu tenha tomado uma decisão financeira mais complexa. Independentemente da decisão, eu paro e faço uma análise do que senti naquele momento em que essa transação financeira aconteceu. Pode parecer bobagem, mas faço mesmo assim. E foco bastante no sentimento que domina quando o dinheiro atravessa as minhas mãos, pois sei que tomo decisões financeiras baseadas na emoção, antes de companhá-las racionalmente.

Aprendi que temos uma coisa chamada "mente-ego", que precisa se validar. Por isso, em todos os momentos, uso o sentimento que aflora para mergulhar no conjunto de crenças e memórias que associo a cada sentimento específico. Funciona como um círculo vicioso. O que penso quando estou usando o meu dinheiro é um reforço de crença, que vem de uma memória e valida esse sentimento. Essa validação vai determinar o próximo pensamento que eu vou ter, que vai me conduzir à minha próxima decisão financeira, mesmo que essa decisão não tenha sido muito inteligente.

REPENSANDO A RELAÇÃO COM O DINHEIRO

Passei a vida inteira na escola aprendendo tantas coisas para que eu estivesse preparado para encarar a vida adulta, para ter uma profissão e ganhar dinheiro, mas em momento algum aprendi a usar o dinheiro de maneira equilibrada e inteligente. Também não fui estimulado a entender como as minhas emoções influenciam o modo como eu lidaria com o dinheiro na fase adulta.

Lembro da história da Aline, que usava o dinheiro como uma muleta para preencher vazios emocionais. Já fiz isso, e acredito que você também. Compramos porque estamos tristes, compramos porque estamos felizes, compramos para comemorar algo ou impressionar alguém, e muitas vezes nossos padrões são ditados por outras pessoas.

Mas procuro sempre me lembrar de quem manda no meu bolso, se sou eu ou as minhas emoções. O que tenho feito e tem funcionado bastante é esse exercício de visualizar o que quero para a minha vida. Encaro as minhas emoções e tomo decisões sem me preocupar com o que as outras pessoas vão falar. Elas sempre vão falar, não é mesmo?

ATIVIDADE 1 (duração: 5 minutos)

Como está o meu bem-estar financeiro?

Gosto muito desse teste criado pela agência de proteção ao consumidor dos Estados Unidos para ajudar as pessoas a visualizar se estão próximas do seu bem-estar financeiro.[19] São sete perguntas simples, mas que já levam a uma primeira autoanálise:

MARQUE VERDADEIRO (V) OU FALSO (F)	V	F
1. Por conta da minha atual situação financeira, sinto que nunca serei capaz de alcançar as coisas que quero na vida.		
2. Sinto que estou apenas sobrevivendo financeiramente.		
3. Eu me preocupo com o fato de se o dinheiro que tenho ou poupo vai durar.		
4. Comprar um presente para alguém é algo que compromete minha situação financeira no mês.		
5. Não estou preparado para imprevistos financeiros.		
6. Não estou cuidando do meu futuro financeiro.		
7. Não administro meu dinheiro de modo a sentir que sou capaz de aproveitar a vida.		

Se você marcou mais de três Vs, é sinal de alerta. Vamos em frente para mudar esse panorama.

---

[19] CONSUMER FINANCIAL PROTECTION BUREAU CFPB. **Measuring financial well-being**: a guide to using the CFPB Financial Well-Being Scale. Washington: CFPB, 2015. Disponível em: https://files.consumerfinance.gov/f/201512_cfpb_financial-well-being-user-guide-scale.pdf. Acesso em: 27 jul. 2022.

Compramos porque estamos tristes, compramos porque estamos felizes, compramos para comemorar algo ou impressionar alguém, e muitas vezes nossos padrões são ditados por outras pessoas.

@papaifinanceiro

A LENTE DAS CRENÇAS FINANCEIRAS

Na adolescência, um dos meus melhores amigos tinha os pais separados. A mãe dele era uma mulher próspera e bem-sucedida. Mas o pai vivia na pindaíba. Eu me lembro de ir à casa dele e sempre o ouvir reclamando: "este país não dá certo"; "só tem marajá"; "só tem rico ganancioso e corrupto". E de uma conversa em que ele falava que as pessoas que têm muito dinheiro são causadoras dos problemas do país. Ele mal trabalhava, vivia enrolado e só reclamava. Hoje, esse meu amigo vive... na pindaíba. Estudou na mesma escola que eu e poderia ter construído uma vida mais próspera.

Eu me pergunto quanto das crenças dos nossos pais nós absorvemos e replicamos, mesmo inconscientemente; até que ponto essas crenças limitantes se conectam à maneira como nos comportamos com a nossa vida financeira?

> *Crenças limitantes são aquelas ideias que acabam se tornando uma verdade absoluta em nossa vida. Desde a infância, somos influenciados por pessoas e situações. Assim nascem os modelos mentais que nem sempre correspondem à realidade. As crenças limitantes são suas interpretações da realidade. Você assume que são verdadeiras, mas muitas vezes são falsas.*[20,21]

---

[20] HALLBOM, K.; D'ALO, A. A psicologia do dinheiro, prosperidade e abundância. **Golfinho**, 21 set. 2004. Disponível em: https://golfinho.com.br/artigo/a-psicologia-do-dinheiro-prosperidade-e-abundancia.htm. Acesso em: 12 maio 2022.

[21] O QUE são crenças limitantes e como elas minam sua vida? **Febracis**. Disponível em: https://febracis.com/crencas-limitantes/. Acesso em: 12 maio 2022.

UMA HERANÇA (QUASE) INEVITÁVEL: AS CRENÇAS DOS ANTEPASSADOS

Todos nós temos muitas heranças. Para além de bens ou patrimônios, nossa herança genética e cultural representa grande parte do que somos. O DNA armazena nossos genes, sendo o responsável por eu ter o nariz idêntico ao da minha mãe e os olhos castanhos claros do meu avô. Em relação ao comportamento e à maneira de enxergar a vida, quanto eu percebo dessa herança? E os hábitos e as crenças sobre o dinheiro, será que eu herdei muito ou pouco deles?

A Psicologia do Dinheiro estuda as heranças intergeracionais sobre o uso dos recursos financeiros. Identifica e analisa como gastamos e poupamos, e busca a associação com o que aprendemos no nosso núcleo familiar.[22] A habilidade, ou inabilidade, para organizar e seguir o planejamento, ou mesmo as crenças positivas e negativas que nutrimos sobre dinheiro podem ter mais a ver com os nossos pais e os nossos antepassados do que gostaríamos de admitir.

O comportamento em relação ao dinheiro é definido desde cedo à medida que absorvemos os padrões das pessoas ao nosso redor. Algumas das crenças que compõem nosso comportamento em relação ao dinheiro, como o próprio hábito de poupar, são positivas. Outras, como a aversão a pessoas ricas, o exemplo do pai do meu colega de escola, podem ser mais prejudiciais do que úteis quando queremos construir riqueza.

Essas crenças são geradas inconscientemente. Nós as assumimos como verdade sem nunca ter refletido sobre elas de modo racional. Funciona mais ou menos assim: imagine que eu, já adulto, queira aprender a tocar piano. Faço a matrícula na escola de piano, mas, antes de começar as aulas, me recordo de que nunca me destaquei nas aulas de música no colégio. Aí, começo a

---

[22] RODRIGUES, C. M. D. **Heranças intergeracionais e o significado e o uso do dinheiro**. Monografia – Universidade de Taubaté. São Paulo, 2019. Disponível em: http://repositorio.unitau.br/jspui/handle/20.500.11874/5629. Acesso em: 14 maio 2022.

pensar que não tenho talento para piano e que fazer essas aulas seria uma perda de tempo. O que acontece? Desisto antes mesmo de começar. Isso é uma crença limitante.

Do mesmo jeito, se uma pessoa enxerga o dinheiro como algo complicado e estressante, talvez ela pense assim pois cresceu vendo seus pais passando por dificuldades financeiras. A maior parte das nossas crenças é formada na infância e, mesmo que os nossos pais nunca tenham falado de dinheiro em casa, absorvemos tudo o que ouvimos e vimos envolvendo esse assunto.

TIPOS DE CRENÇAS LIMITANTES

São três:[23]

- **Crenças hereditárias:** são aquelas que vieram do sistema familiar. Frases como "você é muito desorganizado" ou "você não tem talento para isso" grudam no inconsciente.
- **Crenças pessoais:** são criadas com base nas experiências individuais. Por exemplo: você passou por sérias dificuldades com dinheiro e aquilo ficou gravado em sua mente, de modo que você acredita que nunca mais terá uma vida financeira saudável.
- **Crenças sociais:** são as crenças geradas pela sociedade e que podem ser reforçadas pela mídia. Por exemplo: o culto à riqueza.

O IMPACTO DAS CRENÇAS LIMITANTES NA VIDA FINANCEIRA

As crenças limitantes influem em todas as áreas da nossa vida, e no campo das finanças não é diferente. As crenças financeiras, como são chamadas, são desenvolvidas na infância e perduram até a fase adulta. São inconscientes e podem ser diretamente responsáveis pelos nossos resultados financeiros.

---

[23] MEIRELLES, V. M. et al. **Atitudes, crenças e comportamentos de homens e mulheres em relação ao dinheiro na vida adulta**. Tese (Doutorado) – Pontifícia Universidade Católica de São Paulo. São Paulo, 2012. Disponível em: https://tede2.pucsp.br/handle/handle/15216. Acesso em: 15 maio 2022.

Fico pensando nas crenças limitantes que guiam esse meu amigo e tantas outras pessoas em comportamentos desordenados com o dinheiro. Ao se apoiar em seu histórico familiar, ele cresceu acreditando que é errado ganhar dinheiro. Então, qual é o peso das nossas crenças nos nossos comportamentos?

Durante minha pesquisa de mestrado em Administração na FGV,[24] entrevistei centenas de pessoas endividadas. Meu objetivo era entender a conexão entre o conhecimento financeiro e o comportamento financeiro de pessoas com diferentes níveis de *score*[25] de crédito, renda, escolaridade e idade. Descobri que saber sobre conceitos de juros, inflação e investimentos não é o que faz a diferença, mas, sim, a maneira de a pessoa se relacionar com o dinheiro. Comprovei que o sistema de crenças e comportamentos financeiros impacta diretamente o endividamento das pessoas. É certo que, em uma situação ideal, é esperado que tenhamos os dois: bons conhecimentos e bons comportamentos financeiros.

As crenças limitantes são uma das principais causas do caos financeiro que vejo acontecendo por aí. Estão impedindo que tantas pessoas possam lidar de maneira positiva com o dinheiro. Em estudo realizado nos Estados Unidos pela Universidade de Kansas e pela Consultoria Klontz, com 422 pessoas, não há dúvidas de que a associação entre crenças e comportamentos problemáticos (compulsão por compras, por exemplo) interfere no cumprimento de metas e na conquista da independência financeira.[26]

TIPOS DE CRENÇAS FINANCEIRAS

Existem ao menos 72 crenças financeiras, divididas em quatro grupos:[27]

---

[24] GODOY, T. **O papel do comportamento financeiro e da educação financeira no endividamento**. Dissertação (Mestrado) – Fundação Getúlio Vargas. São Paulo, 2019. Disponível em: https://bibliotecadigital.fgv.br/dspace/handle/10438/28144. Acesso em: 15 maio 2022.

[25] *Score* é uma pontuação que indica, com base em diferentes critérios, se um consumidor é bom ou mau pagador e se ele deve ou não ter acesso ao crédito. Ou seja: qual é a probabilidade de ele "dar calote" em alguma empresa ou de se endividar – por isso, é bom saber como aumentar o seu *score*.

[26] KLONTZ, B. et al. Money beliefs and financial behaviors: development of the klontz money script inventory. **Journal of Financial Therapy**, v. 2, n. 1, p. 1-22, 2011. Disponível em: https://pdfs.semanticscholar.org/1836/6e6a516dc86fbf84261cbb26328b91fdf029.pdf?_ga=2.37278372.589446042.1648583093-2130413314.1648583093. Acesso em: 31 mar. 2022.

[27] COMO quebrar o tabu do dinheiro? **XP Educação**, 16 nov. 2020. Disponível em: https://xpeedschool.com.br/blog/como-quebrar-o-tabu-do-dinheiro/. Acesso em: 31 mar. 2022.

Aversão ao dinheiro

As crenças de aversão ao dinheiro significam que a pessoa acredita que o dinheiro é algo ruim, negativo. Costumam levar a pessoa a não pensar em dinheiro e a gastar demais, achando nobre viver com menos dinheiro, porque o dinheiro corrompe. Quem tem esse tipo de crença, no fundo, pode acreditar que não merece ter dinheiro.

Adoração ao dinheiro

Quem tem adoração ao dinheiro costuma acreditar que a chave para a felicidade e a solução para os problemas é ter mais dinheiro. Pessoas com essa crença tendem a pensar que é difícil ser pobre e feliz, que dinheiro é poder e que ele resolveria todos os seus problemas.

Status do dinheiro

Quem busca o status do dinheiro tende a vincular o próprio valor à quantidade de dinheiro que possui. A pessoa tem mais necessidade de exibir e ostentar do que de fato ter uma vida financeira confortável. Quem valoriza status tende a pensar que pessoas pobres não merecem ter dinheiro, que quem não tem dinheiro é preguiçoso e que só vale a pena comprar coisas novas, por exemplo.

Pessoas com essa crença costumam dizer que ganham um valor acima do real. E tendem a esconder o quanto ganham do cônjuge. Você sabe qual é a renda mensal da sua esposa ou do seu marido?

Vigilância do dinheiro

Pessoas sempre alertas e preocupadas com suas finanças acreditam que é importante economizar e trabalhar pelo dinheiro com determinação. São menos propensas a adquirir dívidas e a comprar no cartão de crédito. Quem tem esse tipo de crença, em geral, tem melhores níveis de saúde financeira, mas não necessariamente está em uma boa situação. A vigilância do dinheiro pode levar à ansiedade, impedindo que a pessoa desfrute de seus benefícios.

Alguém muito vigilante costuma ficar nervoso se não tem uma boa quantia na conta para emergências. Embora esse perfil costume ser positivo, todo exagero é ruim e a pessoa pode ficar obcecada em guardar dinheiro, sem aproveitar as coisas boas que ele proporciona.

Desses quatro grupos de crenças financeiras, as crenças de aversão e a de status são as mais tóxicas e prejudiciais, uma vez que:

- a aversão mina a autoconfiança e a determinação em buscar uma vida financeira independente;
- o status atrapalha a organização para um padrão de vida adequado às condições financeiras e de formação de patrimônio ao longo do tempo.

COMPREENDENDO AS CRENÇAS FINANCEIRAS

Quando eu comecei a entender as minhas crenças e o que me limitava no caminho para alcançar os meus sonhos, senti que evoluí. Esse processo de rever as crenças financeiras não é exercício de culpabilização. Trata-se apenas de compreender as forças silenciosas que afetam a maneira como usamos o nosso dinheiro. Quando eu me tornei capaz de reconhecer em que pontos estava preso por atitudes negativas ou hábitos de consumo ruins, fiz mudanças positivas e prosperei.

Fico imaginando meus antepassados. O que eles viveram lá atrás? Para que você ou eu chegássemos até aqui foram necessários dois pais, quatro avós, oito bisavós, dezesseis trisavós, 32 tetravós, e assim por diante. Se contarmos apenas onze gerações anteriores, são 4.094 pessoas!

Seus pais também já foram crianças que desenvolveram crenças observando os próprios pais, que aprenderam com os deles. Seus pais podem ter mudado e superado traumas financeiros, ter dado a volta por cima e saído de uma infância de escassez. Eles, provavelmente, também possuem dificuldades inconscientes em relação às crenças.

O que os meus pais fizeram era o que estava ao alcance deles. O que eu vou fazer dependerá apenas de mim. É fato que o mundo mudou e as dinâmicas do dinheiro, também. Mas o dinheiro continua não levando desaforo para casa.

Até que ponto essas crenças limitantes se conectam à maneira como nos comportamos com a nossa vida financeira?

@papaifinanceiro

CAPÍTULO 3

TRANSFORME EM LIBERDADE A SUA RELAÇÃO COM O DINHEIRO

Eu tinha uns 13 anos, e esta imagem estampava uma das páginas do meu livro de História. Lembro que ficava horas reparando em cada detalhe desta pintura do século XIX, feita pelo francês Eugène Delacroix.

Certo dia, finalmente o professor chegou a essa página e começou a falar sobre a Revolução Francesa. O quadro, chamado *A liberdade guiando o povo*,[28] tem a liberdade representada por uma mulher segurando a bandeira da Revolução Francesa em uma mão e um mosquete com baioneta na outra. Aquela aula foi marcante; muitos e muitos anos depois, ainda me lembro dela. Falamos sobre como a liberdade é um ideal que a humanidade busca há muito tempo, mas não existe um consenso sobre o que é a liberdade.

O que, de fato, é ter liberdade? Poder fazer o que quiser, quando quiser? Ter um mínimo de tranquilidade para ter poder de escolha? Escolher um lugar para viajar, escolher um trabalho que me faça mais feliz?

A liberdade guiando o povo, de Eugène Delacroix (1930).

---

[28] IMBROISI, M. A liberdade guiando o povo – Eugène Delacroix. **História das Artes**, 16 dez. 2017. Disponível em: https://www.historiadasartes.com/sala-dos-professores/a-liberdade-guiando-o-povo-eugene-delacroix/. Acesso em: 10 jun. 2022.

Até onde eu aprendi, para alcançar a liberdade, precisamos lutar por ela. Na sociedade em que vivemos, é inegável que o dinheiro pode ser um facilitador da liberdade.

QUANDO O DINHEIRO LIBERTA E QUANDO ELE PRENDE?

A história desta mentoreada me pareceu tão interessante que resolvi compartilhar aqui. Na minha visão, ela é um claro exemplo de como podemos julgar a situação financeira de alguém sem entender todo o contexto e, principalmente, do preço que pagamos para conquistar a liberdade financeira.

Cláudia tinha, na época, 31 anos, era fisioterapeuta e, embora tenha construído uma boa carreira, ainda encarava o dinheiro como um problema. Entrou no FVFT: vivia de salário em salário, não conseguia guardar nada e vez ou outra recorria ao parcelamento da fatura do cartão de crédito. Era desorganizada com as contas e acabava gastando por impulso em coisas desnecessárias. Por ter um orçamento apertado, estava sempre adiando aquele presente tão pedido pela filha, e aquela viagem tão desejada... O sonho de ter uma clínica própria parecia cada vez mais remoto.

Ainda antes de iniciar a mentoria, ela me contou que certa vez leu na internet sobre liberdade financeira, e que seus olhos brilharam. Ficou curiosa para saber o que era aquilo exatamente.

"Possuir liberdade financeira é ter controle da sua renda *para decidir o que fazer com o próprio dinheiro com tranquilidade.* Esse conforto financeiro não tem a ver com ser rico, mas com ter autonomia para fazer o que gosta com o dinheiro sem peso na consciência", leu Cláudia. Ela se perguntava: "Então não é preciso ser milionário para desfrutar da liberdade financeira? Mas como chegar até ela?".

Passou a buscar mais informações sobre o assunto e a repensar seriamente suas escolhas. Ela queria que a liberdade financeira fizesse parte de sua vida! Mas como saber o caminho para conquistar essa liberdade se estava cercada apenas de pessoas que viviam de salário em salário, como ela?

Cláudia conta que se lembrou de sua tia-avó, Lina, com quem teve bem pouco contato, mas que era a única pessoa da família que havia conseguido quebrar o ciclo da escassez e construído, com muito trabalho e bastante disciplina, certa fortuna. Lina é a irmã mais nova de seu avô, Ciro, e Cláudia se lembrava das histórias sobre Lina que esse avô contava como se fosse algo remoto, distante da realidade. A tia-avó foi a primeira da família a voar de avião, ainda nos anos 1960; nos anos 1970, pagou faculdade nos Estados Unidos para as duas filhas, e todos os anos viajavam para um país diferente.

Para Cláudia, Lina era sinônimo de liberdade financeira. Construiu uma vida de prosperidade por esforço próprio e conseguiu essa tão sonhada autonomia. Então, Cláudia conta que resolveu ligar para a tia-avó para entender um pouco melhor sobre como foi o caminho dela. No quadro abaixo, trago uma representação, com licença poética, do que foi o diálogo entre Cláudia e Lina:

– Olá, tia Lina? Tudo bem? Aqui é a Cláudia, neta do Ciro. Desculpe ligar sem avisar, consegui seu telefone com o meu avô.

– Olá, Cláudia querida, há quanto tempo não nos falamos! A última vez que nos vimos foi no casamento da minha neta mais velha, certo?

– Que memória boa, tia! Sim, no casamento da prima Fernanda. Se eu me recordo bem, foi em 2014!

– Sim, querida, quase uma década já, o tempo voa e precisamos aproveitar cada dia, não é? Sua tia aqui já está ficando velha e sabe bem do que está falando.

– Pois é, tia, tomei a liberdade de ligar para a senhora porque estou em um dilema.

– Dilema? Essa é uma boa palavra. A vida é um dilema, minha filha, temos que saber lidar com as escolhas todos os dias. Fico feliz que tenha me ligado, mas como posso ajudar você?

– Tia, esses dias eu estava lendo sobre liberdade financeira e fiquei muito impactada. Já passei dos 30 anos e ainda vivo em uma situação longe da que gostaria de ter. Lembrei que meu avô contava que a senhora com a minha idade já estava começando a prosperar, que foi construindo o seu caminho e que, lá pelos 40, estava muito bem de vida. Para mim, "tia Lina" sempre foi sinônimo de liberdade financeira. Preciso mudar a maneira como estou lidando com a minha vida, tia, e a senhora é a única pessoa que eu conheço que tem uma história de sucesso real para contar.

– Ah, minha querida, fico emocionada de ouvir isso. Que bom que você se inspira em mim. Você falou uma expressão importante, "liberdade financeira". Sabe, menina, eu prosperei bastante, sim, e em determinado momento da minha vida consegui alcançar um montante de recursos que me permitem viver de maneira leve até hoje. Mas é curiosa a palavra liberdade, porque para alcançar essa liberdade eu precisei me prender a várias coisas!

– Se prender a quê?

– Sabe, Cláudia, muitas pessoas sonham em ter essa liberdade financeira, mas poucas estão realmente dispostas a encarar o que precisa ser feito para chegar nela. Tem muito trabalho, externo e interno, para chegar lá.

– Trabalho interno, como assim?

– Primeiro é necessário saber quem você é, o que você quer de verdade para a sua vida. Eu tive que enfrentar muito preconceito e ter muita flexibilidade para chegar aonde cheguei. A criação que eu, seu avô e nossos irmãos tivemos foi muito limitadora. Nosso pai, seu bisavô, era um homem truculento, com visão limitada. Tinha um bom coração, mas, nos anos 1940 e 1950, o mundo era outro, minha filha. O meu primeiro passo para enxergar prosperidade na vida foi começar a identificar as crenças da minha família que eu não queria mais para mim. Foi, antes de tudo, um trabalho de autoconhecimento.

– Nossa, tia, não sabia sobre nada disso.

– O seu avô era o irmão mais velho, precisava cultivar essa postura de mais responsável e ao mesmo tempo não discordava do que os nossos pais estabeleciam. Eu, por ser a mais nova, acabei sendo "a rebelde" da família. Sabe que, na maioria das vezes, ser rebelde dá mais certo do que aceitar o que falam para você?

– Que máximo isso! Me conta mais.

– Na época que eu estava no colégio, uma mulher não era encorajada a ter uma profissão. Trabalhar, ganhar dinheiro e ter autonomia era uma condição estabelecida apenas para os homens. Pelo meu pai, e pela minha mãe também, que só aceitava o que ele decidia, eu faria, no máximo, o curso de magistério e seria professora de escola. Olha, nada contra ser professora, acho a profissão linda, mas eu tinha

17 anos e queria ter dinheiro para viajar, comprar as minhas coisas, ser livre!

– Então o que você fez?

– Eu fui rebelde, mas inteligente. Consegui ser aprovada na faculdade de Direito, em São Paulo, com bolsa de estudos. Veja bem, eu queria trabalhar com moda, mas se naquela época eu falasse ao meu pai que ia me mudar para São Paulo para trabalhar com moda, sabe o que ele ia dizer?

– Eu imagino...

– Pois ele ia dizer que eu ia começar a andar com gente "perdida na vida" e ia me perder também. Que isso não é coisa de "menina de família".

– Que absurdo!

– Sim, eu tinha que arrumar uma maneira de sair daquele ciclo. E foi isso que eu fiz. Essa saída daquela mentalidade pequena e marcada pela síndrome de escassez foi o primeiro grande passo para a minha liberdade financeira.

– Mas, tia, eu não tenho uma história igual à sua. Fiz faculdade aqui na minha cidade e trabalho aqui. Minha renda certamente pode ficar melhor, mas não é tão ruim assim. Acho que o meu problema é que eu não sei bem como lidar com a minha vida financeira.

– Cláudia, a vida financeira é apenas um reflexo do nosso mundo interior. Se você tem dificuldade em lidar com o seu dinheiro, é porque o seu futuro ainda está desfocado para você.

– Como assim, tia?

– Quando eu terminei a faculdade de Direito, já ganhava dinheiro promovendo pequenos eventos de moda aqui em São Paulo. Mas o dinheiro que eu ganhava era apenas para me manter. Quando eu me formei e tive mais tempo livre, pude me dedicar 100% ao que queria como próximo passo. Eu não sabia exatamente o que ia fazer, mas sabia, por exemplo, que queria ampliar a minha rede de contatos. E, para isso, eu precisava ter dinheiro disponível para investir nessa rede. Então passei a trabalhar em turno dobrado como gerente de uma loja e fiquei uns dois anos só juntando dinheiro. Morava em uma quitinete no centro e comia marmita todo dia, tudo isso focando conseguir aquele dinheiro!

– Mas o que você faria com o dinheiro?

– Meu plano era ter o suficiente para ficar um ano inteiro indo a todos os eventos de moda de São Paulo, conhecendo todas as pessoas do ramo e apresentando o meu trabalho. E isso custava bem caro. Eu teria que comprar roupas de grife para frequentar os eventos, foi um grande investimento.

– E deu certo?

– Deu mais do que certo! Nos primeiros seis meses, eu já conhecia todo mundo e comecei a trabalhar com grandes nomes aqui no Brasil, como Dener Pamplona de Abreu, Guilherme Guimarães e Zuzu Angel. No ano seguinte, fui a Paris e conheci Yves Saint Laurent! A partir daí, minha carreira decolou.

– Nossa, tia, eu não sabia disso, que sorte!

– Sorte não é a palavra certa, minha querida. O nome disso é estratégia de investimento. Mirei na Lua e acertei no Sol. Sabia um pouco o que queria, sabia que eu era a única responsável para que aquilo se concretizasse e precisei ser muito disciplinada para conseguir os recursos de que precisava. Essa disciplina e esse comprometimento me fizeram dar um grande passo, e de lá para cá continuei comprometida com o meu trabalho e com o meu dinheiro. Até hoje, gasto muito menos do que ganho, por exemplo. Trabalho com moda, um universo de produtos que podem ter preços astronômicos, mas continuo tendo um estilo simples de ser e de me vestir. O dinheiro e o glamour nunca me subiram à cabeça, e acredito que foi por isso que alcancei a liberdade financeira. Muitos colegas de trabalho chegaram a construir fortunas e hoje estão dependendo dos filhos para sobreviver.

– Como assim?

– Não adianta ganhar rios de dinheiro, sobrinha, se você não aprender a ter visão de longo prazo. Conheci muita gente que priorizou o luxo e gastou mais do que devia. Que viveu apenas o aqui e o agora e achou que o dinheiro ia durar para sempre. Não dura para sempre. Eu mesma tive dois grandes momentos de crise financeira e, se não tivesse construído boas reservas, certamente também estaria quebrada e sem nenhuma paz financeira.

"Liberdade financeira, Cláudia, é o conforto financeiro que você pode estabelecer para que não precise ficar ansiosa em relação ao seu futuro. Para que você possa dormir em paz e ter uma vida tranquila. Isso é liberdade, isso é prosperidade.

"Com liberdade financeira, eu posso escolher um trabalho que melhor se encaixe aos meus valores. Posso gastar com lazer, almoçar no meu restaurante preferido e fazer uma viagem sem que essas escolhas me obriguem a fazer sacrifícios para pagar as contas do mês.

Também me liberto de gastos desnecessários e priorizo investir uma parte da minha renda todos os meses. Faço isso há mais de quarenta anos!"

– Eu quero isso para mim! Qual é a fórmula mágica?

– Não existe nada de mágico aqui. Pelo contrário, é preciso muito pé no chão. Cláudia, preste atenção: o primeiro passo para conquistar essa liberdade é o autoconhecimento, saber o que você realmente quer. Isso e um conhecimento básico sobre finanças levarão você às mudanças de comportamento necessárias para que usufrua de todos os benefícios que essa liberdade financeira pode proporcionar.

AFINAL DE CONTAS, COMO EU CONSTRUÍ ESSA RELAÇÃO DE LIBERDADE COM O DINHEIRO?

Quando eu descobri que era possível ser livre financeiramente, a minha chave virou. Transformar a relação com o dinheiro em liberdade é como construir um bom casamento. Não é fácil, exige paciência e vontade, mas é possível. Se passei a minha vida inteira tratando o dinheiro de maneira errada, não basta assistir a alguns vídeos no YouTube e achar que a minha vida financeira será resolvida em um passe de mágica.

Não sei você, mas eu não me lembro dos meus primeiros anos de vida, quando aprendi a falar. Mesmo não me lembrando, tenho certeza de que foi um processo natural. A cada dia eu identificava um novo som e associava esse som a alguma coisa. Esse processo de aprendizagem lá na primeira infância fez com que eu transformasse as imagens que apareciam na minha frente em um complexo sistema de palavras que passaram a se articular em frases e em ideias elaboradas. Depois, em determinado momento, eu fui alfabetizado, aprendi os símbolos escritos que formavam as palavras e, junto com eles, todas as regras gramaticais necessárias ao nosso idioma; então aprendi a escrever as ideias.

Aprender a investir é um processo parecido com aprender a falar e a escrever. Ninguém precisa ser um especialista para começar a investir, da mesma maneira que ninguém precisa ser um linguista para falar. Você precisa é definir os seus sonhos.

Quando comecei a definir meus sonhos e objetivos financeiros, passei a colocar um preço nesses sonhos e um prazo para que eles se tornassem realidade. Desde então, todo sonho passou a ser um objetivo. Eu não fico só sonhando: já faço um plano para realizá-lo.

Antes de entender tudo sobre renda fixa, precisei saber identificar as armadilhas psicológicas do meu cérebro. Foi muito útil para a minha vida financeira entender que as contas mentais podem levar ao endividamento. Isso é bem mais importante do que saber que "o Tesouro IPCA+ remunera o investidor a uma taxa prefixada mais a variação do IPCA".

Nos próximos capítulos, vou mostrar a metodologia que desenvolvi para construir a minha boa relação com o dinheiro a partir de experiências práticas, tanto minhas como de tantas outas pessoas. É a mesma metodologia que eu uso nas minhas mentorias.

Cada etapa dessa Montanha dos Três Autos – autoconhecimento, autorresponsabilidade e autocontrole – traz ensinamentos importantes, que ajudaram a minha vida e a de muitas pessoas. O relacionamento com o dinheiro começa com o autoconhecimento, que dá a base para fortalecer a autorresponsabilidade, que dá energia motivacional para desenvolver a habilidade mais importante para colocar um plano de pé: o autocontrole.

POR QUE O AUTOCONTROLE É A HABILIDADE MAIS IMPORTANTE?

Sem autocontrole, não conseguimos desenvolver nada. Se quero me exercitar regularmente, ter uma alimentação saudável, não procrastinar, abandonar maus hábitos e economizar dinheiro, preciso treinar o meu autocontrole. Saber controlar os próprios impulsos evita comportamentos indesejáveis e escolhas erradas que podem atrapalhar o alcance dos objetivos de longo prazo.

Eu achava que ter autocontrole era muito difícil. Ainda não posso dizer que seja fácil, mas sei que com treinamento conseguimos conquistá-lo. Mais adiante, falarei em detalhes sobre isso.

Não é só você. O autocontrole é uma dificuldade inerente ao ser humano: diante de situações desafiadoras, de estresse, de imprevistos, podemos tomar atitudes das quais nos arrependeremos depois. Por que agimos assim? Paciência e força de vontade influenciam, mas a ciência também tem a ver com isso. As emoções, quando intensas, provocam o rebaixamento do córtex pré-frontal, área do cérebro que responde por racionalidade, planejamento e pensamento estratégico.

O que fazer então? Ampliar o autoconhecimento! Conhecer e gerir as minhas próprias emoções foi o único caminho para resistir aos impulsos. Pensar duas vezes antes de ceder a uma oferta "imperdível" e dar aquela respirada profunda antes de gastar a minha reserva com algo que não era o meu objetivo inicial.

Nos anos 1970, foi feito um dos mais conhecidos estudos sobre a importância do autocontrole na vida das pessoas. O Teste do Marshmallow[29] desenvolvido pelo psicólogo Walter Mischel, apresentava crianças de 4 e 5 anos a um marshmallow e testava o autocontrole desses pequenos oferecendo como recompensa outro marshmallow se eles conseguissem esperar por quinze minutos para comer o primeiro. Imagina o que aconteceu? Cerca de 67% das crianças não conseguiram resistir e comeram o doce antes de o adulto chegar. Acho que eu estaria nesse grupo, e você?

---

[29] MISCHEL, W. **The marshmallow test**: understanding self-control and how to master it. Nova York: Random House, 2014.

O mais interessante desse estudo, no entanto, veio anos depois. A equipe de pesquisadores acompanhou essas crianças e descobriu resultados mais positivos naquelas que demonstraram maior autocontrole. Ao entrevistá-las novamente, já na fase adulta, a equipe descobriu que aquelas que haviam esperado o segundo marshmallow se saíram melhor na escola e no trabalho. Ou seja, o autocontrole foi uma característica essencial para que tivessem sucesso.[30]

GASTO OU GUARDO? O PODER DOS JUROS COMPOSTOS

"Eu posso resistir a tudo, menos às tentações." Essa frase do escritor irlandês Oscar Wilde representa muita gente que, como eu, acabaria comendo o marshmallow mesmo sabendo que bastaria esperar um tempo para ganhar dois em vez de um.

Sempre fico pensando: por que esperar pelo segundo marshmallow?

Quando comecei a entender a lógica dos juros compostos, essa ideia da espera começou a fazer sentido. Fico imaginando que esse segundo marshmallow é o meu futuro financeiro. Se eu não tiver a paciência necessária, ele não virá do modo que eu quero. Posso decidir ter um futuro financeiro próspero ou viver apenas o agora e comer o primeiro marshmallow. É sempre uma escolha possível.

Então, vamos imaginar o seguinte cenário. Digamos que eu tive paciência e optei por não comer o marshmallow; de agora em diante, começo a separar entre 10% e 20% da minha renda todos os meses e começo a investir. Quanto será que eu consigo com o passar do tempo? Quanto será que você consegue?

Antes de você reclamar que o que ganha mal dá para cobrir os seus gastos, eu pedirei: não pense nisso agora, apenas observe o poder dos juros no exemplo abaixo.

Uma pessoa com uma renda líquida de 5 mil reais, que poupa 10% todos os meses, consegue juntar 500 reais por mês. Se ela poupar apenas esse valor, em

---

[30] MISCHEL, W. et al. "Willpower" over the life span: decomposing self-regulation. **Social Cognitive and Affective Neuroscience**, v. 6, n. 2, p. 252-256, abr. 2011. Disponível em: https://doi.org/10.1093/scan/nsq081. Acesso em: 23 maio 2022.

Se eu fosse resumir em uma palavra a diferença entre passar a vida inteira gastando tudo o que ganho – e viver na escassez – e poupar uma parte da renda todos os meses para investir durante anos, essa palavra seria: paz.

@papaifinanceiro

um ano terá 6 mil reais; em dois anos terá 12 mil; em três anos, 18 mil e assim sucessivamente. Em dez anos, ela terá acumulado 60 mil reais. Não é pouco dinheiro.

Mas, e se essa mesma pessoa investir esses 500 reais todos os meses durante dez anos a uma taxa de 13,75% ao ano?[31] Ela terá 121.676 reais, ou seja, terá recebido mais de 61 mil reais apenas de juros!

E se ela continuar a poupar e a investir por mais dez anos? Bom, em vez de 120 mil reais (que seria o dinheiro sem investir), ela teria exatos 562.960 reais e 89 centavos! Desse valor, cerca de 442 mil reais viriam apenas de juros compostos, com o rendimento do dinheiro. Ou seja, com um salário de 5 mil reais e um pouco de disciplina, qualquer pessoa consegue alcançar a liberdade financeira. Com segurança e simplicidade, sem a necessidade de entender sobre bolsa de valores ou qualquer investimento complexo.

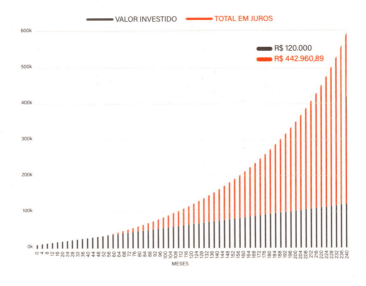

[31] Valor calculado com base na taxa Selic de novembro de 2022. É importante considerar que a taxa Selic oscila com o tempo, ou seja, essa rentabilidade não é constante.

Note que, à medida que o tempo vai passando, a curva de juros compostos (em laranja) cresce de maneira exponencial. Esse é o resultado dos juros compostos trabalhando no tempo a seu favor.[32]

Como educador financeiro, conheci profissionais com alta renda que chegaram aos 50 ou 60 anos de idade sem nenhum investimento. Compraram um apartamento, um carrão, mas, se pararem de trabalhar, ficam totalmente sem renda.

Uma vez, em uma palestra para um grupo de médicos, conversei com um cirurgião que tinha uma renda de 100 mil reais e estava atolado em dívidas. Se esse médico poupasse e investisse apenas 10% de sua renda, ele ainda teria 90 mil reais para gastar todos os meses. Investindo 10 mil reais por mês à mesma taxa do exemplo anterior, esse médico conseguiria quase 2,5 milhões de reais em apenas dez anos de trabalho. Em vinte anos, seriam mais de 11 milhões de reais![33] E isso renderia, em aplicações conservadoras, aproximadamente 1,548 milhão de reais por ano, cerca de 130 mil reais todos os meses![34] Renda passiva, sem nenhum trabalho.

É claro que esses valores são muito altos, não se prenda a isso. Você pode começar com qualquer valor, o que importa é dar o primeiro passo. Quando eu não conseguia poupar 1 mil reais, eu poupava 100. Aprender a fazer isso é libertador em todos os sentidos.

Se eu fosse resumir em uma palavra a diferença entre passar a vida inteira gastando tudo o que ganho – e viver na escassez – e poupar uma parte da renda todos os meses para investir durante anos, essa palavra seria: paz.

Então, será que vale a pena esperar pelo segundo marshmallow?

QUERO, MAS AGORA NÃO POSSO!

O Teste do Marshmallow nada mais é do que a demonstração do dilema entre se satisfazer imediatamente ou postergar a gratificação em troca de um retorno maior.

---

[32] É importante considerar que: 1. esse cálculo usou uma taxa fixa de 13,75% ao mês, o que não aconteceria, pois a Selic varia durante o tempo; 2. o cálculo também desconsidera o poder da inflação, que com o tempo reduz o poder de compra do dinheiro.
[33] R$ 11.259.217,76 (R$ 10.000 investidos mensalmente por vinte anos a uma taxa de 13,75% ao ano).
[34] R$ 129.011,87.

Vamos supor que eu esteja guardando dinheiro para sair do aluguel. Mas, toda vez que um novo modelo de celular é lançado no mercado, fico em dúvida se devo comprá-lo (gratificação imediata) ou controlar essa vontade tendo em vista o meu objetivo de longo prazo (meu cantinho próprio). O celular me daria prazer imediato, mas prejudicaria o meu objetivo.

Ter a capacidade de adiar gratificações é manter-se firme ao objetivo de longo prazo, executando um plano anteriormente definido e, portanto, realizando escolhas intertemporais consistentes. A escolha intertemporal é aquela que afeta outros momentos da nossa vida.

Para entender melhor o que significa uma escolha intertemporal, basta compreender o conceito de juros.

> No livro O valor do amanhã,[35] o economista Eduardo Giannetti apresenta esse princípio econômico simples de antecipar um benefício para desfrute imediato associado ao comprometimento com o pagamento posterior, e defende que isso é apenas parte de um fenômeno natural maior, tão comum quanto a força da gravidade e a fotossíntese.
>
> Quando fazemos uma dieta ou praticamos exercícios físicos, por exemplo, estamos aplicando o conceito dos juros. Quando planejamos qualquer outro aspecto da nossa vida, estamos praticando os juros, pois o valor do futuro vai depender do que você espera dele, certo?
>
> Os juros, financeiramente falando, podem ser definidos como "o custo do dinheiro". É o rendimento que se obtém quando se empresta dinheiro por um determinado período. Os juros são para o credor (aquele que tem algo a receber) uma compensação pelo tempo que ficará sem utilizar o dinheiro emprestado.
>
> No sentido contrário, quem faz um empréstimo em dinheiro ou uma compra a crédito geralmente terá que pagar um acréscimo pela utilização do dinheiro ou pelo parcelamento da totalidade do valor do bem. A esse acréscimo também se dá o nome de juro.

---

[35] GIANNETTI, E. **O valor do amanhã**. São Paulo: Companhia das Letras, 2012.

É nesse ponto que nos deparamos com o maior impasse: aproveitamos hoje, pois não sabemos o dia de amanhã, ou planejamos para o futuro? Será que podemos fazer as duas coisas? Eu digo que, com equilíbrio e um bom método, podemos, sim, aproveitar hoje e nos preparar para a incerteza do amanhã.

Na educação financeira, existe o conceito de planejamento financeiro, que traz metas possíveis e prazos definidos, e funciona como um importante aliado para o autocontrole das finanças. É como se fosse uma guia, um farol para ajudar na navegação. Afinal, existem inúmeras incertezas no processo e é impossível, por exemplo, saber qual será a sua renda daqui a cinco anos. O acompanhamento desse plano permite entender se estamos no caminho certo, concedendo uma margem para corrigir a rota conforme as novidades surgirem.

A IMPORTÂNCIA DAS PEQUENAS VITÓRIAS

Um estudo de Harvard sobre a motivação no ambiente de trabalho me deixou intrigado. Ao analisar a capacidade das pessoas de atingirem seus objetivos, os pesquisadores se depararam com um fenômeno comum e poderoso chamado "princípio do progresso": entre todas as coisas que podem estimular emoções positivas, motivação e inspiração, a mais importante é conseguir pequenos progressos todos os dias.[36]

O princípio do progresso pode ser sentido em várias áreas, e na vida financeira não é diferente. Vamos lembrar o exemplo da Cláudia, lá no início deste capítulo. Para ela, o sonho de abrir o próprio negócio está distante, parece até impossível. Mas, se estipular um planejamento financeiro com metas e prazos, e conseguir guardar um pouquinho todos os meses, essas pequenas vitórias aumentarão a autoconfiança dela. Esse progresso consistente gera emoções positivas, e cada mês de meta cumprida renova a motivação para o mês seguinte. Percebe como o sentimento de vitória se retroalimenta, aumentando a probabilidade de que Cláudia realize seu sonho?

---

[36] AMABILE, T. M.; KRAMER, S. J. The power of small wins. **Harvard Business Review**, 2011. Disponível em: https://hbr.org/2011/05/the-power-of-small-wins. Acesso em: 25 maio 2022.

COMO FUNCIONA A METODOLOGIA?

Nos últimos anos, o assunto educação financeira explodiu. É só abrir as redes sociais que qualquer hora vai surgir na sua *timeline* algum perfil falando sobre finanças pessoais e investimentos. O problema é que a maior parte desse conteúdo ou é um pouco assustadora ou... é chata! Isso só afasta as pessoas, fazendo com que elas se sintam ainda mais sozinhas, preocupadas, confusas com sua vida financeira e com a sensação de que estão ficando para trás.

Mas não precisa ser assim. Depois de tantos anos pesquisando sobre o assunto, desenvolvendo projetos de educação financeira e formatando cursos, entendi que o único processo que muda a vida financeira de alguém começa nas questões mais profundas. É somente mudando as raízes que conseguimos ter diferentes frutos.

Partindo dessa premissa, criei um processo eficiente, aplicável e que propõe mudanças tangíveis no curto prazo. Foi por meio de uma junção de muitos aprendizados acadêmicos e práticos, baseados em centenas de histórias de alunos que lidam com dores financeiras, que nasceu esse método. Em cerca de três semanas, vou conduzir você por um processo de transformação composto de três etapas de igual duração.

É importante que você entenda que existem diversos tipos e níveis de mudanças. Se quero mudar algo na minha vida, essa mudança não pode acontecer de um dia para o outro. Quando as mudanças requerem um aprofundamento maior – uma mudança de crenças completa e uma solidificação de novos modelos mentais –, o tempo precisa ser um aliado.

Desde a década de 1950, vêm sendo desenvolvidos diversos estudos sobre mudanças de comportamentos e hábitos. Um dos mais conhecidos foi realizado pelo médico Maxwell Maltz, em 1960, descrito em seu livro *Psicocibernética*, que mostra que é "necessário um mínimo de 21 dias para que uma imagem mental se dissolva, formando uma nova imagem ou hábito".[37]

Em minha metodologia, não foco apenas os hábitos. Entendo que hábitos são resultados, consequências de modelos mentais. Se uma pessoa tem o costume de comer alimentos gordurosos, não adianta se forçar a comer salada por 21, 51 ou 300 dias. Muitos dos nossos hábitos alimentares foram construídos

---

[37] MALTZ, M. **Psycho-Cybernetics**: updated and expanded. Londres: Souvenir Press, 2022.

Quando as mudanças requerem um aprofundamento maior – uma mudança de crenças completa e uma solidificação de novos modelos mentais –, o tempo precisa ser um aliado.

na infância e possuem uma relação emocional com a família, com memórias que são tão antigas que nem conseguimos nos lembrar delas. Para mudar um padrão de alimentação, é necessário ir até as camadas mais profundas. O mesmo acontece com a mudança dos padrões financeiros.

O hábito é algo que nos acostumamos a colocar no piloto automático.[38] Estamos tão condicionados a ele que sentimos falta quando não o fazemos. O hábito em si pode ser até fácil de ser substituído. A grande pergunta é: como manter isso a longo prazo? Como manter os novos hábitos por anos, décadas?

Mudar profundamente só é possível quando mudamos a origem do hábito, a raiz profunda de comportamentos que se originam de atitudes que, por sua vez, se originam das crenças, ou seja, da nossa visão de mundo.

No meu método, trabalhamos três esferas essenciais para que a mudança aconteça de maneira profunda e permaneça na sua vida. São três etapas em um processo chamado **Montanha dos Três Autos**.

Na primeira delas, durante uma semana, faremos um grande mergulho em crenças, padrões mentais, emoções, heranças intergeracionais, comportamentos e atitudes relacionadas à vida financeira. Tudo o que uma pessoa viveu e construiu até aqui vai aflorar nessa primeira etapa no processo de autoconhecimento financeiro. É só quando vamos ao encontro do nosso interior que conseguimos enxergar realmente o que queremos daqui para frente. Como já dizia o sábio: "a viagem é para dentro". Por meio do

---

[38] DUHIGG, C. **O poder do hábito**: por que fazemos o que fazemos na vida e nos negócios. Rio de Janeiro: Objetiva, 2012.

autoconhecimento financeiro, começamos a encontrar um novo nível de consciência financeira.

Quanto você acredita que a sua consciência influi em seu subconsciente?[39] Você acha possível treinar o subconsciente para conquistar o que você deseja? Sei que esse é o grande segredo de uma mente próspera.

O escritor Napoleon Hill dedicou sua vida a entender o que as pessoas muito bem-sucedidas faziam para "chegar lá". Ele entrevistou as personalidades mais prósperas da sua época em busca dos elementos comuns da mentalidade, dos hábitos e da maneira que essas pessoas tinham de enxergar a vida.

No livro *A lei do triunfo*,[40] cuja primeira edição data de 1928, Hill fala do importante papel que o subconsciente desempenha em nossos resultados. Ele entende o cérebro como uma "estação emissora e receptora do pensamento", e que a mente não pode ser ocupada, ao mesmo tempo, por emoções positivas e negativas. Nosso papel seria, portanto, garantir que as emoções positivas constituam a influência predominante em nossa mente.

Segundo Hill, quando conseguimos criar o hábito de cultivar conscientemente emoções positivas, abrimos espaço para que nosso subconsciente possa atuar da melhor maneira possível. Existe, assim, um poder ilimitado no subconsciente, capaz de liberar forças suas, até então desconhecidas, para você conquistar o que deseja.

Para o autor, o sucesso financeiro, em última análise, nada mais é do que uma convicção que está no subconsciente do indivíduo. Impregnar a mente com a ideia de prosperidade criaria uma espécie de "consciência da prosperidade". Para a construção dessa consciência, ele elenca as leis que levam ao triunfo. Entre elas, estão muitos tópicos que trataremos ao longo deste livro, como objetivo definido, confiança em si mesmo, hábito de economia, entusiasmo, autocontrole, concentração e foco, força do hábito, entre outros.

Na segunda etapa da Montanha dos Três Autos, que também dura uma semana, passaremos pelo processo de autorresponsabilidade financeira. Autoconhecimento é a chave para proporcionar um maior senso de responsabilidade em nossa vida financeira. É aquela história: se desejo uma mudança de nível profundo, olho para o que está acontecendo na minha vida e reconheço

---

39 MURPHY, J. **O poder do subconsciente**. Rio de Janeiro: BestSeller, 2021.
40 HILL, N. **A lei do triunfo**. Rio de Janeiro: José Olympio, 2015.

o papel que desempenho e ainda estou desempenhando para que isso tudo tenha se tornado real. Portanto, ser autorresponsável é ser mais forte, mais generoso, mais maduro. A autorresponsabilidade gera a paz de reconhecer que, às vezes, é preciso perder para ganhar. Assumir a responsabilidade pelas suas escolhas e pela sua felicidade é o único caminho possível para que você aproveite a vida da maneira que merece.

Minha autorresponsabilidade amplia o meu autocontrole financeiro, a terceira e última etapa do processo. Autocontrole é a capacidade de dominar meus próprios impulsos, minhas emoções e paixões. Se todas as minhas decisões financeiras são afetadas pelas emoções, é vital que eu estabeleça controle sobre elas, para que minha vida financeira possa prosperar. A falta de autocontrole é o maior inimigo para que eu alcance os meus objetivos.

Na terceira etapa da metodologia, passaremos por uma nova semana de atividade, completando, assim, o ciclo para uma nova vida financeira. O processo é como subir uma montanha: quanto mais alto vamos subindo, mais rarefeito fica o ar. Lá no topo encontramos o autocontrole, o exercício que exigirá maior esforço.

MONTANHA DOS TRÊS AUTOS

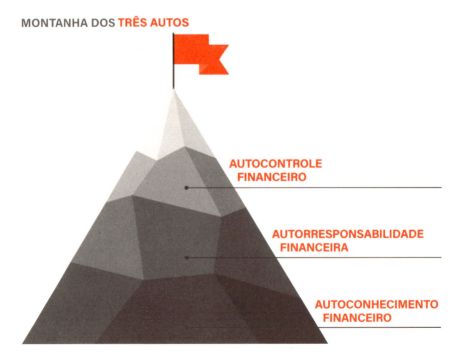

Aproveitamos hoje, pois não sabemos o dia de amanhã, ou planejamos para o futuro? Será que podemos fazer as duas coisas?

@papaifinanceiro

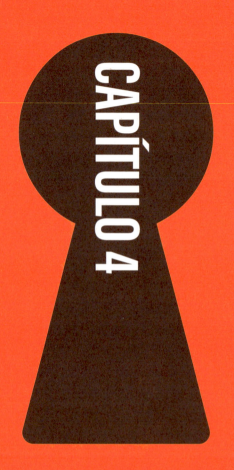

CAPÍTULO 4

1ª ETAPA: AUTOCONHECIMENTO DAS EMOÇÕES FINANCEIRAS

A falta de dinheiro é uma grande causadora de problemas. Sem segurança financeira, ninguém consegue pensar direito e produzir bem no trabalho, por exemplo. A sensação de não conseguir colocar o filho em uma boa escola ou não poder pagar uma viagem de férias para a família leva à frustração e ao estresse financeiro.

Nessa situação, ativamos as amígdalas cerebelosas, a parte do cérebro que processa ameaça e insegurança. Quando as amígdalas estão ativadas, há um desligamento parcial do córtex pré-frontal, que é a área do cérebro responsável pela criatividade, pelo planejamento – a parte mais importante do cérebro para ter sucesso no dia a dia.

Quando uma pessoa está estressada porque está devendo dinheiro, ela desliga justamente a parte mais importante do cérebro que poderia ajudar a sair dessa situação de endividamento.

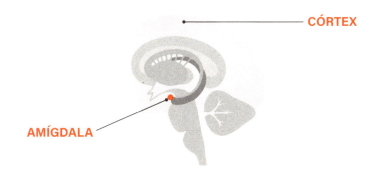

Como afirmava o célebre psicólogo comportamental John B. Watson, qualquer pessoa, independentemente da sua natureza, pode ser treinada para ser qualquer coisa.[41] Segundo Watson, as emoções humanas básicas (medo, raiva e amor) podem ser associadas a objetos por meio do condicionamento estímulo-resposta. Ou seja, as emoções humanas são suscetíveis a condicionamento. O que todos nós vivemos até aqui formou a pessoa que somos hoje, com todas as qualidades e todos os defeitos. O que vamos viver daqui para frente não precisa ser uma repetição do condicionamento passado.

Essa maneira inconsciente de lidar com a vida financeira é algo que está no mecanismo de ação mais profundo e que passa despercebido pela mente consciente. O complexo de inferioridade é um exemplo disso. Segundo o psicólogo austríaco Alfred Adler,[42] sentir-se inferior é uma experiência humana universal, e suas raízes estão na infância. As crianças naturalmente se sentem inferiores porque estão sempre cercadas de pessoas mais fortes, mais poderosas e com habilidades mais bem desenvolvidas. Normalmente, uma criança tenta imitar e alcançar as habilidades dos adultos ao seu redor. Crianças e adultos de personalidade saudável adquirem confiança cada vez que se notam capazes de alcançar objetivos.

Assim, os sentimentos de inferioridade se dissipam até que seja necessário vencer o próximo desafio. Em uma psique desequilibrada, o sucesso não diminui esse tipo de sentimentos, e a pessoa acaba desenvolvendo o complexo de inferioridade.

Você já imaginou como alguém com complexo de inferioridade pode ter a vida financeira completamente abalada? Mais ainda: quanto sua saúde financeira é afetada pela sua autoconfiança?

No processo de autoconhecimento financeiro, comecei a me aprofundar em questões nas quais nunca fui estimulado a pensar: *qual a razão de eu comprar o que compro? Quanto dos meus hábitos eu herdei de outras pessoas? O que realmente faz sentido para a minha vida? Como minhas emoções impactam a minha vida financeira? Será que meu desejo de ser aceito prejudica as minhas escolhas?*

Tomamos a maior parte dessas decisões financeiras sem nunca nos questionar. Quando minha esposa e eu fomos morar juntos, percebemos que tínhamos muitos hábitos financeiros diferentes. Para citar um, eu me lembro

---

41 WATSON, J. B. **Behaviorism**. Londres: Routledge, 2017.
42 ADLER, A. **Understanding human nature**. Londres: Routledge, 2013.

de ficar indignado porque ela só ia a médicos particulares, que não aceitavam o plano de saúde. A justificava era a indicação e não economizar em saúde.

Ora, moramos em São Paulo, uma das maiores cidades do planeta, com milhares de bons médicos formados nas melhores escolas de Medicina do país. Sem dúvida, temos muitos médicos excelentes que atendem pelo plano de saúde. Se eu pago plano de saúde, qual a lógica de ir a um médico particular? Mas essa era a minha lógica; não a dela. Da mesma maneira que eu preciso respeitar a lógica dela e mostrar os argumentos que me fazem pensar diferente, também tenho que respeitar a minha quando descubro padrões errados e mudo de opinião. É muito importante desenvolver uma mente aberta para a mudança de opinião.

> *Eu não tinha respostas imediatas para muitas das perguntas que me fazia. Algumas dessas respostas foram fichas que caíram aos poucos. Nessa jornada, mais importante do que ter todas as respostas é saber fazer as perguntas certas.*

O autoconhecimento é uma jornada infinita. Acredito que não vai existir aquele momento em que vou me sentar no alto da montanha, como um Buda, e pensar: *eu já sei tudo*. Na verdade, quanto mais sei sobre mim, mais vejo que ainda preciso aprender muito.

Quando conheço minhas emoções e como elas impactam minha vida financeira, tenho mais combustível para fazer mudanças. Sei que as emoções fazem parte de todas as minhas relações, e é impossível me livrar delas porque são da minha natureza. Cada decisão, mesmo que aparentemente racional, possui componentes emocionais.

O QUE EU ACREDITO QUE É AUTOCONHECIMENTO?

Vejo essa palavra ser muito disseminada. Mas será que realmente sabemos o que é conhecer a si mesmo?

Essa espécie de investigação individual tem o objetivo de identificar as nossas próprias características, emoções, gostos, padrões de comportamento e sentimentos. É preciso coragem para olhar para dentro de si e enxergar as falhas e lacunas que brigamos para aceitar. Mas essa busca também pode revelar pontos fortes, talvez até escondidos.[43]

O processo de autoconhecimento não é simples nem óbvio, e muito menos fácil. Imagino o autoconhecimento como uma trilha na floresta. Como na história de João e Maria,[44] vou encontrando pequenas migalhas pelo caminho para saber qual direção seguir. Ou seja, cada pedacinho de autoconhecimento que recolho se soma a outro e a outro e a outro. Quando junto essas migalhinhas, passo a compreender melhor quem sou, o que realmente desejo e aonde quero chegar. Vou me tornando mais íntimo de mim mesmo, e esse encontro é poderoso!

Quando penso sobre o autoconhecimento das emoções financeiras, vejo resultados incríveis. **Quanto mais me conheço, mais tenho certeza do que quero e menos vou me importar com as opiniões e expectativas alheias, com os modelos de vida e padrões estabelecidos pela sociedade.** Meus esforços são mais direcionados; meus recursos, mais bem aproveitados, e o meu dinheiro, usado de modo mais inteligente! A maneira como avalio uma compra, um investimento ou uma perda financeira é aperfeiçoada.

Quando busco meu autoconhecimento, deixo as questões sutis fazerem parte das minhas decisões; vou além da racionalidade. Como disse antes, acreditamos que somos seres racionais, mas isso não é verdade.

O médico e psicanalista inglês Wilfred Bion afirmava, no início do século XX, que a razão é escrava da emoção e existe para racionalizar a experiência emocional.[45] Em resumo, não há experiência racional sem antes uma profunda experiência emocional.

O cérebro é um tema de estudo recorrente na área médica, e ultimamente pesquisadores de economia e finanças também têm se interessado por ele para explicar nosso comportamento como investidores e consumidores. Na Universidade de Cardiff, no Reino Unido, os pesquisadores usaram o exame de ressonância magnética para estudar as reações do cérebro a ganhos e perdas financeiras. Descobriram que, diante de um lucro de 100 dólares, os

---

[43] GOMES, D. Autoconhecimento. Alguns caminhos para alcançar o seu. **Vida Simples**, 18 ago. 2020. Disponível em: https://vidasimples.co/ser/o-caminho-para-o-autoconhecimento/. Acesso em: 11 jun. 2022.

[44] MARSHALL, J. **Hansel and Gretel**. Norwalk: Weston Woods, 1990.

[45] BION, W. R. **Attention and interpretation**. Londres: Routledge, 2013.

O autoconhecimento é uma jornada infinita.

polos de prazer do cérebro são ativados, deixando as pessoas felizes. Porém, perder 100 dólares gerou uma atividade mais intensa nas áreas do cérebro associadas a emoções negativas.[46] Como é amargo o sabor do prejuízo.

Já os psicólogos Daniel Kahneman e Amos Tversky se interessaram pelo nosso processo de decisão. Na década de 1970, eles já falavam sobre os vieses cognitivos, fazendo referência a esses desvios no processo mental que nos levam a interpretações irracionais ou distorcidas. Em 2002, Kahneman recebeu o Prêmio Nobel de Economia exatamente por demonstrar o elemento irracional na tomada de decisões.

Kahneman mostra que todos nós temos dois sistemas de pensamento: um rápido, que está sempre pronto para fornecer respostas intuitivas e instantâneas; e um mais lento, encarregado de tomar as decisões racionais. Nesse conflito, costuma vencer o sistema rápido, que domina muito do que dizemos, fazemos e pensamos. Se eu perguntar quanto é 2 mais 2, você vai usar o seu sistema 1 (automático) para me responder. Mas se a pergunta for quanto é 328 vezes 167, você vai demorar um pouco mais para me dar a resposta, porque fará cálculos. Esse é o sistema 2 em ação.

"Por que tomamos decisões ruins com o nosso dinheiro? (e o que podemos fazer a respeito)" é o título de um vídeo de 2012 em que Kahneman diz que "para certos tipos de decisões, você precisa de habilidades matemáticas, essa é uma grande vantagem sobre quem não tem". Diz também que é importante ter uma perspectiva ampla sobre o que está acontecendo e evitar fortes reações emocionais. E fala sobre como lidar melhor com essa nossa natureza: "As melhores decisões financeiras não se dão por meio de um sentimento rápido e indutivo, mas, sim, por meio do pensamento lento, cuidadoso e analítico".[47]

Portanto, aceite a dica de um Prêmio Nobel: quando estiver prestes a tomar uma decisão importante, desacelere.

---

[46] RODRÍGUEZ, M. Neurofinanças: a ciência que busca desvendar o cérebro para ficarmos mais ricos (e felizes). **BBC**, 27 nov. 2020. Disponível em: https://www.bbc.com/portuguese/geral-55096446. Acesso em: 12 jun. 2022.

[47] DANIEL Kahneman: why we make bad decisions about money (and what we can do about it). 2012. Vídeo (3 min. 56 s.). Publicado pelo canal **Big Think**. Disponível em: https://www.youtube.com/watch?v=Kpev-Lb0EAg. Acesso em: 16 maio 2022.

SÃO TANTAS EMOÇÕES

Roberto Carlos já entoava: "Se chorei ou se sorri, o importante é que emoções eu vivi". Bota emoção nisso! Mas quantas emoções somos capazes de sentir? Durante as minhas pesquisas para este livro, fiquei surpreso ao encontrar que já foram mapeadas mais de 34 mil emoções nos seres humanos.[48] Sim, 34 mil! Interessante que são quase tantas quanto as decisões que tomamos por dia (35 mil) – será uma coincidência apenas?

Vale a pena assistir à ótima conferência TEDx do doutor Alan Watkins chamada "Por que você sente o que sente".[49] Alan pesquisou como as emoções, se bem trabalhadas, podem melhorar nossa saúde, nosso desempenho acadêmico e profissional, bem-estar e até senso de realização.

As emoções determinam nossa capacidade de tomar decisões eficazes e impulsionam ou diminuem a nossa motivação para a vida. Sentimos diferentes emoções o dia todo e, se não aprendermos como controlá-las, elas podem nos governar.

Fomos ensinados a negar, esconder ou deixar nossas emoções de lado. Vivemos em uma cultura que não apoia a emoção ou o autoconhecimento. Na escola, aprendemos matérias como Matemática, Ciências ou História, mas não somos preparados para a vida.

---

48 KARIMOVA, H. The emotion wheel: what is it and how to use it. **Positive Psychology**. Disponível em: https://positivepsychology.com/emotion-wheel/. Acesso em: 12 jan. 2023.

49 WHY you feel what you feel | Alan Watkins | TEDxOxford. 2015. Vídeo (20 min. 18 s.). Publicado pelo canal **TEDx Talks**. Disponível em: https://www.youtube.com/watch?v=h-rRgpPbR5w. Acesso em: 7 dez. 2022.

Como falei no início do livro, emoção significa energia em movimento. A origem é do latim *emovere*: *e* de "energia" e *movere* de "movimento". As emoções movimentam a vida e geram comportamentos que garantem a nossa sobrevivência como, por exemplo, o medo. Logo, não são apenas importantes, são vitais!

E, como também já vimos, emoção é diferente de sentimento. A emoção é um conjunto de respostas químicas e neurais que **surgem quando o cérebro sofre um estímulo ambiental**. Já o sentimento é uma resposta à emoção, ou seja, **como a pessoa se sente diante daquela emoção**.[50] Assim, embora distintos, emoção e sentimento estão conectados.

Todas as emoções que já foram mapeadas pelos pesquisadores são derivadas de cinco emoções humanas primárias e universais que formam a base dos nossos comportamentos e processos de tomada de decisão. As chamadas emoções universais são o medo, a tristeza, a alegria, a raiva e o nojo. O ilustre cientista inglês Charles Darwin concluiu, em um estudo, que essas emoções primárias também estão presentes nos animais e se aplicam independentemente de contexto social ou cenário de vivência pessoal.[51]

Entender com clareza a força dessas emoções nos ajuda a identificar nossas reações em relação ao dinheiro. Então, agora vamos explorar as principais emoções ligadas ao dinheiro.

MEDO

Sabe quando você se vê em uma situação de risco, sente o coração disparar e começa a ofegar? Foi o seu cérebro que liberou substâncias para deixar o seu corpo em alerta. Isso tem uma razão natural e evolutiva. O medo é um mecanismo de proteção, faz com que evitemos situações perigosas. É o medo que nos mantém vivos. Por outro lado, o excesso de medo também pode impedir você de se arriscar – por mais que seja um risco controlado – para conquistar o que quer.

---

[50] Conheça as 5 principais emoções humanas. **Vittude**, 20 nov. 2019. Disponível em: https://www.vittude.com/blog/conheca-as-emocoes/. Acesso em: 18 maio 2022.

[51] DARWIN, C.; LORENZ, K. **A expressão das emoções no homem e nos animais**. São Paulo: Companhia das Letras, 2000.

COMO O MEDO IMPACTA SUA RELAÇÃO COM O DINHEIRO?

O medo pode afetar as escolhas financeiras de modo contundente. O medo de perder o emprego, por exemplo, pode nos impedir de ter coragem para pedir um aumento, mesmo sabendo que merecemos ganhar mais. Ele é também a principal razão para uma pessoa procrastinar o ato de fazer investimentos.

Ah, se eu ganhasse uma moedinha a cada vez que alguém me contasse que tem medo de investir...

Qualquer pessoa com algum patrimônio tem medo de, subitamente, perder tudo. A pessoa batalhou para chegar onde está e ter conforto; logo, é natural que tome medidas para se proteger, gerenciando os riscos. Esse medo racional e justificado é útil. Mas a fobia de ficar pobre é outra coisa. Como boa parte das fobias, é um medo irracional. Um medo que paralisa. Só de pensar em ter uma perda, mesmo que pequena, a pessoa sente angústia, desconforto emocional e ansiedade.

Pessoas que viveram uma infância de privações ou que "quebraram" e se recuperaram, e até mesmo aquelas que enriqueceram de maneira inesperada, são mais sujeitas a essa fobia. Elas demonstram avareza, "pão-durismo", transtorno de acumulação compulsiva, e vivem em um padrão de vida muito abaixo de suas possibilidades, sem qualquer tipo de indulgência porque fazem de tudo para poupar dinheiro. O medo de ficar pobre é tão grande que, para isso não acontecer, a pessoa se sujeita a viver em uma "quase pobreza".

Existe também a crometofobia, que é o medo desproporcional de gastar dinheiro, interferindo no desenvolvimento normal da vida.[52] Para quem não tem dificuldades financeiras, gastar dinheiro deveria ser uma fonte de prazer, certo? Mas as pessoas que possuem esse distúrbio encaram a experiência de gastar, mesmo que seja para colocar gasolina no carro, com tanta negatividade que chegam a ter sono, saúde e humor afetados. Alguns param de pagar contas, comprar coisas básicas e preferem se isolar, evitando encontros sociais. Deixam, assim, de praticar atividades de que gostam, e, ao não pagar contas,

---

[52] BARRÍA, C. Como é viver com crometofobia, o medo de gastar dinheiro. **BBC**, 1º nov. 2021. Disponível em: https://www.bbc.com/portuguese/geral-59098636 Acesso em: 18 jun. 2022.

acabam se endividando. Na maioria das vezes, essa fobia está conectada a traumas ou questões pessoais mais profundas.

Esses são alguns exemplos extremos de fobias financeiras, termo criado pelo psicólogo britânico Brendan Burchell, professor da Universidade de Cambridge, na Inglaterra. De modo geral, a fobia financeira é o medo paralisante de lidar com dinheiro. É o receio desmedido de checar a fatura do cartão de crédito, montar uma planilha com as despesas do mês, investir, negociar uma dívida ou financiar um imóvel.[53]

O professor Burchell conduziu um estudo para entender o perfil de quem sofre de fobia financeira e descobriu que 20% dos 1,3 mil voluntários ouvidos evitava saber se a conta estava no vermelho, se ia entrar no cheque especial ou se o nome estava sujo na praça, por exemplo. Os sintomas físicos sentidos por eles são parecidos com as outras fobias, como medo de avião, medo de altura, medo de aranha...[54]

Pense comigo: se você tem medo de altura, pode escolher não olhar pela janela nem subir muitos andares; se tem medo de lugares apertados, pode evitá-los; mas e se tem medo de dinheiro? Como fazer? Impossível evitar o contato com esse item tão corriqueiro. Por isso, preciso dizer: não há alternativa, você precisará enfrentar o seu medo, porque não existe vida em sociedade sem dinheiro. E outra: o medo pode estar afastando você da riqueza ao impedi-lo de tomar boas decisões.

Como modo de enfrentamento, procure se perguntar de onde vem esse medo. De algum trauma no passado? De alguma experiência vivida? Tente desconstruir esse medo por meio de argumentos racionais. Faça uma lista de medos. Escreva nessa lista o que de pior pode acontecer. Qual o pior cenário se você tomar essa decisão financeira? É interessante perceber que, na maioria das vezes, os nossos medos não possuem nenhum fundamento. Um estudo realizado na Universidade Estadual da Pensilvânia, nos Estados Unidos, mostrou que **mais de 90% das preocupações das pessoas nunca**

---

[53] SHAPIRO, G. K.; BURCHELL, B. J. Measuring financial anxiety. **Journal of Neuroscience, Psychology, and Economics**, v. 5, n. 2, p. 92-103, 2012. Disponível em: https://doi.org/10.1037/a0027647. Acesso em: 18 jun. 2022.

[54] SPARKES, M.; GUMY, J.; BURCHELL, B. Debt: beyond homo economicus. In: A. Lewis (Org.), **The Cambridge handbook of psychology and economic behaviour**. Cambridge: Cambridge University Press, 2018. p. 198-233.

se tornam realidade.[55] Ou seja, costumamos nos preocupar demais por coisas que simplesmente não vão acontecer!

ALEGRIA

Estar alegre é muito bom, certo? Mas é importante tomar cuidado com o seu bolso, pois esse sentimento provoca uma tempestade de neurotransmissores no seu cérebro. Por um lado, isso gera muito bem-estar; por outro, é importante estar atento a um grande efeito colateral: nós ficamos muito mais impulsivos.

A alegria é a emoção primária mais positiva. Aquela sensação gostosa cercada de entusiasmo que, normalmente, sucede a conquista de um objetivo. Tudo muito bom, mas tenho duas más notícias. Primeira: a alegria é fugaz. Podemos estar alegres mesmo não sendo felizes, pois a alegria está ligada a um fato isolado. Segunda: a alegria pode fazer você perder dinheiro. O culpado é o sistema de recompensa do cérebro.

Nosso cérebro é uma máquina muito complexa e recompensa nosso corpo com dopamina quando atingimos um objetivo. Dependendo do objetivo conquistado, essa dopamina é liberada em maior ou menor quantidade. Desde beber quando se tem sede, finalizar uma tarefa difícil ou receber uma esperada promoção no trabalho. O cérebro reconhece a meta cumprida e libera esse neurotransmissor, dando a sensação de prazer. Esse é o sistema de recompensa.

Você foi à academia mesmo naquele dia em que estava sem muita vontade? Pagou todas as contas do mês e ainda reservou uma parte para investir? Seu corpo é tomado de satisfação, bem-estar e alívio.

Pense na última vez que você alcançou um objetivo pelo qual batalhou. Foi aprovado em uma faculdade, por exemplo. Assim que você viu seu nome na lista, todo o tempo que passou estudando foi recompensado por uma intensa alegria. Na verdade, podemos até afirmar que foi a vontade de viver esse momento especial que motivou você a se esforçar ao máximo. Ao sentir essa sensação tão prazerosa, queremos viver aquilo de novo, quantas vezes for possível. Logo, o sistema de recompensa incentiva a busca por comportamentos ligados a essa sensação de bem-estar.

---

[55] LAFRENIERE, L. S.; NEWMAN, M. G. Exposing worry's deceit: percentage of untrue worries in generalized anxiety disorder treatment. **Behavior therapy**, v. 51, n. 3, p. 413-423, 2020. Disponível em: https://doi.org/10.1016/j.beth.2019.07.003. Acesso em: 22 jun. 2022.

O sistema de recompensa que todos nós temos também influencia nas decisões de consumo. Aí é que está o ponto de atenção. O problema é que muitas recompensas vêm por meio do dinheiro.

Você teve um dia cheio de desafios, reuniões e negociações e, ao cumprir a última tarefa, ouve uma vozinha aí dentro: *eu mereço uma recompensa*. Na verdade, você quer aquela sensação de prazer de novo. E, para proporcioná-la ao seu corpo, vai usar o dinheiro que talvez nem tenha para justificar a compra de algum desejo de consumo – uma joia, um relógio, um celular, uma roupa etc. *Eu mereço!*

Bom, agora que conhece essa peça que o cérebro prega vez ou outra, você consegue evitar o sistema de recompensas. Se ainda não acredita nisso, vou usar o argumento contrário para convencer você. A deliciosa sensação de se perceber apto a administrar as finanças do próximo mês ou acompanhar o rendimento do seu dinheiro é muito mais poderosa. Cumprir essa tarefa também inundará o seu corpo de dopamina, e o melhor: ao cuidar bem do seu bolso, você será capaz de proporcionar muitos outros momentos prazerosos.

TRISTEZA

Você já sabe, é impossível ser feliz o tempo todo. Lidar com dificuldades e frustrações faz parte da vida. A tristeza nos fortalece e estimula o nosso amadurecimento. Essa emoção é caracterizada por um estado passageiro de desânimo, cansaço e solidão. Apesar de ser uma emoção muito normal e até saudável, é evidente que há níveis de intensidade e, se ela se prolongar por muito tempo, pode significar uma depressão. Problemas financeiros podem desencadear tristeza? Com certeza.

Ainda que seja essa uma sensação totalmente oposta à alegria, ela também pode significar uma propensão a gastos inconsequentes. É comprovado que o ato de comprar gera dopamina, o hormônio do prazer e da satisfação. Na prática, comprar coisas como maneira de aliviar a tristeza é um perigoso caminho, pois você pode associar compras à felicidade. Tome cuidado para não usar o consumo como válvula de escape para sentimentos negativos. Você vai consumir mais, mas poderá ficar mais triste e preocupado com as dívidas. Além disso, existe um processo chamado esteira hedônica, que é muito perigoso.

Mais de 90% das preocupações das pessoas nunca se tornam realidade.

@papaifinanceiro

A esteira hedônica (ou adaptação hedônica),[56] conceito cunhado pelo psicólogo britânico Michael Eysenck, é a tendência que nós, seres humanos, temos em retornar a um nível estável de felicidade apesar da ocorrência de importantes acontecimentos positivos ou negativos ou de mudanças de vida. Segundo essa teoria, à medida que uma pessoa ganha mais dinheiro, as suas expectativas e desejos também aumentam, o que acaba resultando em, na prática, não haver um ganho permanente de felicidade. Quando você compra um carro novo, por exemplo, a sensação de bem-estar e conforto proporcionada pelo novo veículo é real e tangível, mas dura apenas alguns meses. Quando você já está acostumado com o novo automóvel, ele se torna apenas um meio de transporte.

Um estudo muito influente realizado pela Universidade de Princeton, nos Estados Unidos, associou bem-estar a renda e encontrou uma diferença impressionante: para rendas abaixo de 75 mil dólares por ano, qualquer incremento na renda é percebido como um aumento no bem-estar. Mas, quando vamos muito além desses 75 mil, a melhora percebida não é tão grande.[57]

Quando não temos o suficiente para o básico – ou quando temos mais do que o suficiente, mas vivemos com medo de perder um padrão de vida alto –, podemos ser impactados pela ansiedade financeira.

ANSIEDADE

A ansiedade abarrota a nossa mente de pensamentos, e passamos a querer desligar o nosso cérebro. Novamente, a dopamina provocada pelo consumo pode ser uma grande vilã. Consumir sem limites acaba trazendo a distração que ajuda o seu cérebro a parar de pensar. Com o tempo, porém, os estímulos precisam ser cada vez mais fortes. É aí que pode surgir um grande vício.

---

[56] CHACE, W. M. The unhappiness of happiness. **The Hedgehog Review**, v. 18, n. 2, p. 98--106, 2016. Disponível em: https://hedgehogreview.com/issues/meritocracy-and-its-discontents/articles/the-unhappiness-of-happiness. Acesso em: 24 jun. 2022.

[57] KAHNEMAN, D.; DEATON, A. High income improves evaluation of life but not emotional well-being. **Proceedings of the National Academy of Sciences**, v. 107, n. 38, p. 16.489-16.493, 2010. Disponível em: https://doi.org/10.1073/pnas.1011492107. Acesso em: 24 jun. 2022.

A ansiedade é uma inimiga silenciosa. Vai entrando pouco a pouco na nossa vida e, quando nos damos conta, estamos tomando remédios para lutar contra ela. Não somos estimulados a demonstrar vulnerabilidade, então pouquíssimas pessoas admitem que possuem medo, por exemplo. Mas a ansiedade é tão presente no cotidiano que é bem comum você ouvir alguém se declarando ansioso.

Quase todo mundo tem aquele colega de trabalho que não aguenta esperar uma resposta para outro dia e justifica a impaciência dizendo que é uma pessoa ansiosa. A ansiedade chega a ser bem-vista em alguns ambientes corporativos, e pode ser, em alguns casos, até sinônimo de proatividade e produtividade. Mas como é trabalhar com alguém que quer tudo para ontem? É exaustivo!

O primeiro passo para tratar os problemas é encarar as coisas que criam angústias. Normalizar a ansiedade é conviver com o bode na sala fingindo que nada está acontecendo. Não podemos fingir que está tudo bem, pois falar sobre o problema estimula as pessoas a buscarem ajuda.

Se você pretende controlar sua ansiedade, planejar o futuro é essencial; não há outro caminho. É preciso se abrir para o aprendizado de modo geral, principalmente sobre finanças, para aumentar a segurança, diminuir o medo e, assim, reduzir a ansiedade. Sempre é tempo para se desenvolver. Para isso, é necessário estar motivado.

MOTIVAÇÃO

Até agora falamos somente de emoções que podem levar ao consumo desenfreado, mas há aquelas que têm o efeito oposto. Um exemplo é a motivação, que, de acordo com o Dicionário Michaelis, representa uma "série de fatores, de natureza afetiva, intelectual ou fisiológica, que atuam no indivíduo, determinando-lhe o comportamento."[58] Em outras palavras, ela é nossa energia para conquistar determinados objetivos.

Como ela pode ser alimentada? Na Psicologia, esse assunto foi estudado pelo pesquisador Abraham Maslow, que estabeleceu uma hierarquia com as principais necessidades do ser humano:

---

[58] MOTIVAÇÃO. **Michaelis**: dicionário brasileiro da língua portuguesa. Disponível em: https://michaelis.uol.com.br/moderno-portugues/busca/portugues-brasileiro/motivacao/. Acesso em: 27 jun. 2022.

Quanto mais nos aproximamos do topo da hierarquia, mais motivados ficamos. Então, é importante traçar objetivos que deem mais sentido à sua vida e tragam estabilidade; isso vai deixar você mais engajado em trabalhar e poupar. Nesse sentido, você pode investir em um imóvel próprio, em uma previdência privada, em um curso superior ou em uma pós-graduação. Além disso, também é preciso dar atenção aos pontos que aumentam sua autoestima e seu prazer. Portanto, não deixe de cuidar do seu corpo e da sua saúde, fazer viagens e ter momentos de lazer.

Mas e quando não temos dinheiro nem para o básico, para a base da hierarquia de Maslow, como comer, beber ou ter um lugar onde morar? De que maneira a escassez impacta a capacidade de raciocinar e tomar decisões? Para encontrar a resposta, o cientista comportamental Eldar Shafir, da Universidade de Princeton, e o economista Sendhil Mullainathan, de Harvard, nos Estados Unidos, se dedicaram ao tema e descobriram que a escassez toma conta da mente, afetando a cognição e diminuindo a concentração e a inteligência.[59] Sim, uma pessoa com problemas financeiros, lidando com escassez, fica menos inteligente e toma decisões desastradas e instintivas para garantir a sobrevivência. Nesse cenário, fica difícil falar em planejamento financeiro, disciplina para poupar e esforço individual, pois a pessoa está focada em garantir o mínimo para o dia seguinte. Esperar pelo segundo marshmallow? Nem pensar. Com o horizonte temporal curto e tomado de preocupações, não se visualiza o futuro.

---

[59] SHAFIR, E.; MULLAINATHAN, S. Scarcity: why having too little means so much. **Social Policy**, v. 46, n. 2, p. 231-249, 2013.

É importante traçar objetivos que deem mais sentido à sua vida e tragam estabilidade.

@papaifinanceiro

A dupla de pesquisadores compara o funcionamento do cérebro de uma pessoa em apuros financeiros a um computador sobrecarregado por ter que processar muitas informações ao mesmo tempo. Ele trava. É o que eles chamam de "banda larga mental".[60]

Muitos brasileiros estão com a "banda larga mental" sobrecarregada. Uma pesquisa realizada pelo Serasa traz um dado elucidativo: cerca de 70% dos endividados no cartão de crédito usaram essa forma de pagamento para comprar comida no supermercado.[61] Veja, essas pessoas ficaram com o nome sujo para garantir o básico. Assim, fica difícil falar em motivação para a mudança quando essa é a demanda.

Quando estamos preocupados com a nossa situação financeira, ficamos menos aptos a tomar melhores decisões. Isso obviamente afeta em todas as áreas da nossa vida.

No trabalho, os impactos de uma saúde financeira ruim podem ser catastróficos. Segundo a PwC,[62] o estresse financeiro impacta as empresas em pelo menos três áreas:

1. **Retenção:** funcionários em estado de estresse financeiro são mais propensos a procurar um novo emprego;
2. **Saúde mental:** funcionários estressados financeiramente têm três vezes mais chances de sentir um grande impacto negativo de preocupações com dinheiro;
3. **Produtividade:** o estresse financeiro tem vários efeitos cascata.

---

[60] SUZUKI, S. Como falta de dinheiro prejudica inteligência e afeta decisões. **BBC**, 29 maio 2022. Disponível em: hhttps://www.bbc.com/portuguese/brasil-61572670. Acesso em: 27 jun. 2022.

[61] SERASA; OPINION BOX. **Pesquisa 2021**: endividamento. Disponível em: https://www.serasa.com.br/assets/cms/2021/Pesquisa-Endividamento-2021-Release-..pdf. Acesso em: 29 jun. 2022.

[62] THREE areas where your employees' financial wellness can affect your organization's bottom line, and what you can do to help. **PwC**, 2022. Disponível em: https://www.pwc.com/us/en/services/consulting/business-transformation/library/employee-financial-wellness-survey.html. Acesso em: 29 jun. 2022.

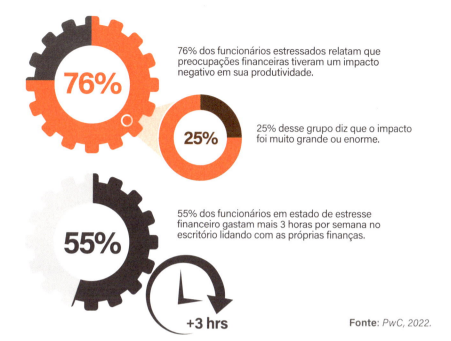

Fonte: *PwC, 2022.*

DETERMINAÇÃO

A determinação é a capacidade de focar seus esforços em um objetivo e de dizer não a distrações. É, portanto, essencial para lidar com as tentações de consumo que aparecem todos os dias.

Sua determinação pode ser estimulada com metas que façam sentido para você e que correspondam à sua proposta. Como você quer estar quando o próximo ano chegar? E nos próximos cinco anos? Use essas perguntas como ferramenta de apoio. Visualizar onde você quer estar em cinco anos é um exercício poderoso!

Para alcançar um resultado mais alto em um prazo maior, é importante definir metas realistas a curto prazo. Acompanhar essas metas e comemorar o alcance delas também é parte importante do processo. Muitas pessoas acabam estabelecendo números ambiciosos e incompatíveis com as suas possibilidades reais. Aí, em algum momento percebem que isso será impossível e acabam desistindo, gerando um mecanismo que na Psicologia Comportamental é chamado "gatilho do tudo ou nada". Ou seja, se não é possível conquistar o objetivo, a pessoa gasta o dinheiro todo e não poupa nada. Por isso, cada real poupado precisa dar a sensação de que você está um passo mais próximo de conquistar os seus sonhos.

BARRANDO A INFLUÊNCIA NEGATIVA DO EGO

"Ele arruinou a carreira de gênios promissores. Mandou pelos ares grandes fortunas e destruiu empresas. Tornou as adversidades insuportáveis e transformou esforço em vergonha. Quem é esse?".

Essa é parte da apresentação do livro *O ego é seu inimigo*, do estadunidense Ryan Holiday,[63] e achei bem ilustrativa para introduzir esse tema. Afinal, o que é o ego?

Vou pedir ajuda ao pai da psicanálise, o doutor Sigmund Freud. Imagine que sua personalidade combine três subpersonalidades em conflito. O **id**, que se guia por instinto, busca satisfazer desejos o tempo todo, sem considerar freios morais e éticos. O **superego**, que é o oposto e impõe limites, segue regras e busca ter condutas mais adequadas ao que é socialmente aceito. E, por fim, o **ego**, que, como uma subpersonalidade mediadora, está no meio das outras duas, escutando suas necessidades e buscando um equilíbrio entre elas. Esse conflito psíquico pode acabar em empate ou pender para um extremo ou outro, dependendo da situação. O interessante é que essa explicação entendida pela Psicanálise é diferente do que popularmente chamamos de ego. No cotidiano, ego é equivalente à falta de modéstia, vaidade e prepotência.[64] E é essa definição do senso comum que usaremos aqui.

Em seu livro, Holiday defende que é preciso aprender a destruir o ego, antes que ele destrua você. Na concepção do autor, quando dominamos o ego, barrando a sua influência negativa, conseguimos conquistar resultados mais expressivos, obtemos sucesso, sem nos corromper. Quando acrescentamos dinheiro a esse caldeirão, a sopa ganha um sabor mais picante. Nós sabemos, o dinheiro é sedutor. Tudo o que o dinheiro é capaz de proporcionar pode inflar egos e ser a armadilha perfeita para a queda.

Quando estamos na busca pelo autoconhecimento, nos tornamos sensíveis a esses conflitos internos e conseguimos identificar o que fazemos por

---

[63] HOLIDAY, R. **O ego é seu inimigo**: como dominar seu próprio adversário. Rio de Janeiro: Intrínseca, 2017.
[64] PIMENTA, T. Ego: saiba como ele influencia seu comportamento e sucesso. **Vittude**, 13 maio 2019. Disponível em: https://www.vittude.com/blog/influencia-do-ego/. Acesso em: 29 jun. 2022.

vaidade ou capricho e o que fazemos por vontade genuína. O crescimento pessoal vem justamente desse exercício.

COMO MUDO UM COMPORTAMENTO?

Na metodologia que apresento aqui, as emoções são a base principal para o desenvolvimento de uma relação mais saudável com o dinheiro. E só será possível mudar comportamentos e atingir seus objetivos financeiros compreendendo as emoções que regem você!

A construção de novos e bons hábitos precisa ser um processo que identifica os gatilhos de ansiedade para os hábitos ruins. Ganhar dinheiro inclui um processo pessoal de aprendizagem. Por que comprar determinado produto e não outro? Como você toma essa decisão?

Existe um campo de estudo relativamente novo dedicado a encontrar essa resposta: a Economia Comportamental. Essa disciplina incorpora Economia e descobertas empíricas no campo da Psicologia, da Neurociência e de outras Ciências Sociais. Seus pesquisadores desafiam a corrente tradicional do pensamento econômico apoiada na concepção do *Homo economicus*, definido como um tomador de decisão racional, capaz de processar informações de maneira ilimitada.[65]

A Economia Comportamental sugere que a realidade é diferente: as pessoas decidem com base em hábitos, em experiências pessoais – influências psicológicas, emocionais, conscientes e inconscientes – e em regras práticas simplificadas. Decidem de modo rápido, aceitando apenas soluções satisfatórias; têm dificuldade em equilibrar interesses de curto e longo prazo; e são muito influenciadas pelas emoções e pelos comportamentos dos outros.

Os economistas comportamentais buscam entender como nossos processos decisórios são manipulados pelas circunstâncias e pelo ambiente. É aquela história: "Cada um de nós vê o mundo com os olhos que tem – e os olhos veem o que querem", como escreveu o português José Saramago, Nobel de Literatura.[66]

---

[65] ÁVILA, F.; BIANCHI, A. O que é? **Economia comportamental**. Disponível em: https://www.economiacomportamental.org/o-que-e/. Acesso em: 2 jul. 2022.

[66] SARAMAGO, J. **A jangada de pedra**. São Paulo: Companhia das Letras, 2006. p. 37.

Nosso olhar sobre o mundo é distorcido, enviesado pelo significado que damos às coisas, pelo contexto em que fomos criados, pela situação atual em que vivemos.

Mas você sabia que, acima de tudo, nosso olhar para as situações da vida é influenciado por atalhos mentais – as heurísticas – e vieses cognitivos? Ambos afetam a maneira como tomamos decisões.

> Um **viés cognitivo** é um padrão de distorção de julgamento que pode influenciar nosso pensamento crítico, nos levar a perpetuar erros ou compartilhar informações equivocadas. Os vieses cognitivos nos levam a evitar as informações que podem ser desconfortáveis e até a enxergar conexões entre ideias que não necessariamente existem. **Heurísticas** são atalhos mentais que usamos para fazer escolhas, como regras que simplificam a nossa tomada de decisão, e que nos ajudam a encontrar respostas adequadas, ainda que imperfeitas, para problemas difíceis. A palavra vem da mesma raiz que **heureca**, expressão de triunfo ao encontrar a solução de um problema difícil.

Interessante, não é mesmo? Agora eu quero que você conheça os quatro vieses cognitivos mais comuns que levam ao erro na tomada de decisão financeira. Será que você está cometendo algum deles?

1. VIÉS DE CONFIRMAÇÃO[67]

É um dos mais prejudiciais, porque leva você a buscar informações que confirmem algo em que já acredita, prendendo você naquilo que gostaria que fosse verdade, mas não é. É o viés da confirmação que age quando se acredita que dá para ganhar dinheiro fácil e rápido com alguma promessa da internet. Você gostaria que fosse possível, todo mundo gostaria que fosse possível. Mas é possível mesmo?

O viés da confirmação é tão prejudicial que faz você se lembrar dos seus acertos e se esquecer dos erros. E essa é uma falha perigosa do raciocínio humano.

---

[67] KLAYMAN, J. Varieties of confirmation bias. **Psychology of learning and motivation**, v. 32, p. 385-418, 1995. Disponível em: https://doi.org/10.1016/S0079-7421(08)60315-1. Acesso em: 9 dez. 2022.

Nosso olhar sobre o mundo é distorcido, enviesado pelo significado que damos às coisas, pelo contexto em que fomos criados, pela situação atual em que vivemos.

@papaifinanceiro

Em relação a dinheiro, esse viés funciona assim: você está em um dia mais desafiador, resolve almoçar e fazer um passeio no shopping, assim que passa por uma vitrine e vê uma cadeira massageadora em "promoção", pensa: *essa promoção foi feita pra mim, como eles sabiam que eu estava precisando desestressar?* Então, você compra a cadeira sem nem considerar que ela não cabe na sua sala.

2. VIÉS DA DISPONIBILIDADE[68]

Nosso repertório de vida influi totalmente nas nossas decisões. Quando tomamos alguma decisão, tendemos a usar as informações de que podemos nos lembrar com mais facilidade, que estão mais disponíveis e ao nosso alcance. Na prática, esse viés faz você ignorar soluções ou opiniões diferentes das suas e reduz a sua capacidade de acerto. O viés da disponibilidade nos faz superestimar as informações que temos e subestimar as informações que não temos.

Um exemplo simples e clássico é a queda de um avião. Esse é um evento tão raro que, quando ocorre, é notícia internacional. E a notícia é tão impactante que faz você ter medo de voar de avião, mesmo sabendo que estatisticamente seria muito melhor você se preocupar em usar capacete quando vai andar de bicicleta.

É o mesmo que se interessar em fazer apostas na lotérica que acabou de ter um bilhete premiado. O mesmo que embasar suas decisões de investimentos generalizando poucas amostras disponíveis, desconsiderando riscos e ampliando sua propensão ao erro.

3. VIÉS DA ANCORAGEM[69]

Também conhecido como efeito de ancoragem, acontece quando você confia demais ou "ancora" um julgamento na primeira informação que recebe. Todos os julgamentos ou todas as opiniões na sequência se baseiam nessa âncora.

Em finanças, um exemplo clássico é o pagamento mínimo do cartão de crédito. A tendência das pessoas que não quitam por completo a dívida do cartão é pagar valores sempre muito próximos ao mínimo.

---

[68] HERSHFIELD, H. How availability bias and FOMO can impact financial decision-making. **Avantis Investors**, 2020. Disponível em: https://www.avantisinvestors.com/avantis-insights/availability-bias-and-fomo-impact-decision-making/. Acesso em: 8 jul. 2022.

[69] CHAPMAN, G. B.; JOHNSON, E. J. The limits of anchoring. **Journal of Behavioral Decision Making**, v. 7, n. 4, p. 223-242, 1994. Disponível em: https://doi.org/10.1002/bdm.3960070402. Acesso em: 8 jul. 2022.

Mas a principal ancoragem que o seu dinheiro sofre é no consumo mesmo. Qual oferta é mais tentadora: (a) por apenas 200 reais ou (b) de 500 reais por apenas 200 reais? A oferta (b) nos dá a sensação de economizar 300 reais, porque fomos ancorados nesses 500 reais. A ancoragem de preços é uma das técnicas mais antigas de vendas.

4. EFEITO HALO[70]

Acontece quando pessoas, entidades e marcas são mais importantes do que a mensagem em si. Qual o peso de uma mensagem proferida pelo papa? Independentemente da sua religião, você vai prestar mais atenção ao que ele fala do que a alguém que você não admira. Uma mesma mensagem dita por pessoas diferentes tem um impacto estrondoso em como as pessoas entendem essa mensagem. **Mais importante do que a mensagem é o emissor dela.**

Acontece quando você compra um produto de uma marca, tem uma experiência muito boa com ele e depois tende a comprar outros produtos da mesma marca. Mais importante do que o produto é a marca dele.

Existem dezenas de outros vieses cognitivos. Costumamos usá-los de modo inconsciente, como atalhos mentais para poupar o nosso cérebro. Na prática, os vieses confundem a maneira como o nosso cérebro interpreta informações, o que nos impede de tirar conclusões corretas sobre as coisas e de tomar as melhores decisões; prejudicando, inclusive, a situação financeira. Como os vieses cognitivos são um mecanismo automático do cérebro, o melhor que se pode fazer é aprender sobre esses vieses e tentar identificar distorções nos próprios julgamentos.

Para a cientista comportamental Wendy De La Rosa,[71] é possível treinar para fugir desses atalhos e fazer escolhas financeiras mais responsáveis. Ela, que é cofundadora de um centro que trabalha para melhorar o bem-estar financeiro de pessoas de baixa renda, afirma que, na hora de poupar, o ambiente e as circunstâncias que nos cercam são mais importantes do que a força de vontade e o conhecimento sobre dinheiro. Por exemplo, em um dos estudos

---

[70] MALOUFF, J. M.; EMMERTON, A. J.; SCHUTTE, N. S. The risk of a halo bias as a reason to keep students anonymous during grading. **Teaching of Psychology**, v. 40, n. 3, p. 233-237, 2013. Disponível em: https://doi.org/10.1177/009862831348742. Acesso em: 19 jul. 2022.

[71] DE LA ROSA, W. 3 psychological tricks to help you save money. **TED**, 2019. Disponível em: https://www.ted.com/talks/wendy_de_la_rosa_3_psychological_tricks_to_help_you_save_money/transcript?language=en#t-315726. Acesso em: 19 jul. 2022.

que conduziu, ela dividiu em dois grupos pessoas que ganhavam o mesmo salário: um grupo recebia a informação de quanto ganhava por semana, e o outro só era informado de quanto ganhava por mês. O resultado foi que o primeiro grupo conseguiu poupar mais do que o segundo. Nada mudou, apenas as circunstâncias da comunicação sobre o valor do salário foram determinantes para os resultados financeiros dos dois grupos. Em um vídeo para o TED, Wendy fala sobre os truques psicológicos que ajudam a economizar:

1. **Aproveite o poder do pré-compromisso:** a pesquisadora estudou dois grupos de pessoas que iam receber a restituição do imposto anual e usou como base a pergunta: "Quanto da sua restituição você está disposto a guardar?". A única diferença entre os grupos: o primeiro recebeu a mensagem antes de o dinheiro cair na conta e o segundo, logo depois. Enquanto o primeiro afirmou que gostaria de poupar 27% do valor, o segundo grupo respondeu em média 17%. Perceba como esse compromisso estabelecido anteriormente afetou a intenção.

    Como lição, procure maneiras de firmar um contrato consigo mesmo, aplicando datas e metas. Você pode fazer isso por meio de planilhas, aplicativos de celular ou mesmo usando as opções do seu banco para guardar dinheiro na conta de modo automático e sistemático.

2. **Aproveite os momentos de transição:** já reparou como datas significativas de renovação e mudança – Ano-novo, aniversário ou início de ciclos profissionais – trazem uma sensação de transição, uma vontade de traçar metas? Wendy testou esse fenômeno ao anunciar, em uma rede social, um serviço para pessoas que estavam completando 65 anos. O primeiro grupo recebeu a pergunta: "Está pronto para se aposentar?". Já o segundo: "Você está completando 65 anos. Está pronto para se aposentar?". A simples menção do aniversário resultou em um retorno em cliques muito superior ao do primeiro grupo. É possível aproveitar esse impulso natural que temos nesses momentos de transição para criar lembretes na agenda com algum objetivo financeiro ou uma meta que deseja atingir.

3. **Administre as compras pequenas e frequentes:** sabemos que poupar é importante, e que é algo que deveríamos fazer. Sabemos o que fazer, a

questão é como. E a primeira lição de como é visualizando as pequenas compras do dia a dia, aquelas que passam quase despercebidas – o famoso cafezinho, sim – e que diminuem sua capacidade de poupar. São aquelas que, somadas, costumam gerar o maior arrependimento. A cientista compartilhou seu exemplo particular. Morando em Nova York, ela gastava quase 2 mil dólares por mês com aplicativos de mobilidade, era mais do que seu aluguel. Quando percebeu esse montante, resolveu que gastaria menos no mês seguinte. Mas a fatura do cartão chegou com o mesmo valor, ou seja, nada mudou. Não basta ter intenção, é preciso de fato agir. Para barrar esse tipo de gasto, o ideal é ter um cartão de débito com um valor limite a ser gasto com compras frequentes. Desse modo, se o dinheiro acabar, será necessário realizar algum tipo de ação, como colocar mais dinheiro ou trocar o cartão. Ao mudar a circunstância, criando barreiras para o irracional, somos empurrados para a racionalidade do consumo.

DESTRAVANDO NOSSAS CRENÇAS LIMITANTES

Pense em qualquer grande decisão financeira que você tomou. Comprar uma casa, por exemplo. É muito comum que as pessoas sonhem com a casa própria. Como já vimos por aqui, para além de uma necessidade básica de abrigo, a decisão financeira de efetivamente comprar um imóvel para morar tem muito mais a ver com crenças cultivadas pela nossa sociedade do que com uma decisão financeira inteligente.

Somos seres sociáveis e fortemente influenciados pelo grupo em que vivemos. Queremos ser aceitos, amados, protegidos. Temos pavor da rejeição, do esquecimento, da solidão. Então, é natural que tomemos decisões para agradar outras pessoas. É muito comum que boa parte da nossa renda seja destinada a impressionar alguém. É por isso que vemos tantas pessoas arrependidas das compras que fizeram, pessoas que se endividam e nem sabem direito a razão.

Percebe como o autoconhecimento é fundamental para o seu crescimento pessoal?

O autoconhecimento lhe permite, ainda, identificar a influência das crenças limitantes que insistem em enviar sinais equivocados, impedindo que você avance. Como vimos no Capítulo 2, existem quatro tipos de crenças limitantes sobre o dinheiro que impedem sua evolução rumo à liberdade financeira: aversão ao dinheiro; adoração ao dinheiro; status do dinheiro; vigilância do dinheiro.

Todos nós desenvolvemos crenças nesses quatro grupos, o que vai diferenciar você das outras pessoas é a intensidade com que cada crença acaba influenciando seu comportamento. Por exemplo, se uma pessoa teve muito contato com a mentalidade da escassez, provavelmente desenvolveu fortes crenças de aversão ao dinheiro.

No livro *Permissão para sentir*,[72] o autor Marc Brackett mostra que a inteligência emocional é uma habilidade que traz imensos benefícios e que pode ser desenvolvida por qualquer pessoa. Brackett é o fundador do Centro de Inteligência Emocional da Universidade de Yale, nos Estados Unidos, e há décadas tem se dedicado a investigar as raízes do bem-estar emocional. Ele criou um sistema para nos ajudar a reconhecer, compreender, rotular, expressar e regular nossas emoções, sejam elas positivas ou negativas. Sua metodologia já foi aplicada em milhares de escolas nos Estados Unidos e comprovadamente reduz o estresse e a sensação de esgotamento, melhora o desempenho acadêmico e profissional e promove a saúde mental de adultos e crianças.

Agora você vai conhecer o Gráfico das Emoções de Brackett, uma ferramenta que auxilia a identificação e nomeação das emoções. Segundo o autor, existem emoções de alta energia e de baixa energia, e emoções de alto agrado (positivas) e baixo agrado (negativas).

Alta energia	Enfurecido	Em pânico	Estressado	Nervoso	Chocado	Surpreso	Positivo	Festivo	Exultante	Extasiado
	Exasperado	Enraivecido	Frustrado	Tenso	Atordoado	Radiante	Bem-disposto	Motivado	Inspirado	Eufórico
	Irado	Assustado	Zangado	Agitado	Inquieto	Energizado	Vibrante	Animado	Otimista	Entusiasmado
	Ansioso	Apreensivo	Preocupado	Irritado	Incomodado	Risonho	Concentrado	Feliz	Orgulhoso	Empolgado
	Repugnado	Aflito	Receoso	Intranquilo	Invocado	Agradável	Alegre	Esperançoso	Brincalhão	Bem-aventurado
Baixa energia	Enojado	Taciturno	Desapontado	Para baixo	Apático	À vontade	Pacato	Contente	Amoroso	Realizado
	Pessimista	Lerdo	Sem ânimo	Triste	Entediado	Calmo	Seguro	Satisfeito	Grato	Emotivo
	Alienado	Miserável	Solitário	Desanimado	Cansado	Descontraído	Relaxado	Sossegado	Abençoado	Equilibrado
	Melancólico	Deprimido	Mal-humorado	Exausto	Fadigado	Gentil	Pensativo	Pacífico	Confortável	Despreocupado
	Desesperado	Desesperançoso	Desolado	Extenuado	Esgotado	Sonolento	Complacente	Tranquilo	Acolhido	Sereno
	← Baixo agrado →					← Alto agrado →				

Fonte: BRACKETT, Marc, 2021.

---

72 BRACKETT, M. **Permissão para sentir**: como compreender nossas emoções e usá-las com sabedoria para viver com equilíbrio e bem-estar. Rio de Janeiro: Sextante, 2021.

A inteligência emocional é uma habilidade que traz imensos benefícios e que pode ser desenvolvida por qualquer pessoa.

Você consegue identificar o que está sentindo neste momento? Quais foram as emoções mais presentes na sua última semana? E na próxima semana, quais emoções você gostaria de sentir?

ATIVIDADE 2 (duração: 10 minutos)

Faça uma leitura das cem emoções do gráfico. Reflita sobre cada uma delas e identifique quais são as quatro principais emoções que você teve durante a última semana. Escreva as emoções abaixo e observe se são de alta ou baixa energia, de alto ou baixo agrado.

Agora, escreva as duas principais emoções que você quer cultivar na semana que vem:

Que mudanças houve entre as emoções que você sentiu e as que quer cultivar no futuro? Apareceu alguma emoção de baixo agrado na sua lista?

Agora, reflita sobre como você poderá assumir a responsabilidade de manter emoções positivas e de alto agrado nos próximos dias.

A próxima atividade é essencial para o seu autoconhecimento financeiro. No Teste dos Avatares Financeiros, você vai mergulhar nas suas principais crenças e comportamentos financeiros e conhecer o seu avatar investidor.

ATIVIDADE 3 (duração: 30 minutos)
Teste dos Avatares Financeiros

Qual é o seu avatar?

O Teste dos Avatares Financeiros é uma ferramenta incrível para ajudar a entender onde estão posicionadas as suas crenças limitantes e os seus comportamentos financeiros. Na primeira parte, você vai sinalizar se concorda ou discorda, totalmente ou parcialmente. Circule a opção que corresponde à sua resposta; se não tem um posicionamento definido sobre a pergunta, escolha a coluna do meio. Então, some as respostas em cada um dos quatro grupos de crenças.

CRENÇAS FINANCEIRAS

		CONCORDO TOTALMENTE	CONCORDO PARCIALMENTE	NÃO CONCORDO NEM DISCORDO	DISCORDO PARCIALMENTE	DISCORDO TOTALMENTE
GRUPO 1: ADORAÇÃO	Mais dinheiro vai me fazer mais feliz.	4	3	2	1	0
	É difícil ser pobre e feliz.	4	3	2	1	0
	Dinheiro é poder.	4	3	2	1	0
	Dinheiro resolveria todos os meus problemas.	4	3	2	1	0
	Se você tiver muito dinheiro, vai ter sempre alguém tentando tirar de você.	4	3	2	1	0
SOMA =						
GRUPO 2: STATUS	Você pode ter amor ou dinheiro, mas não os dois.	4	3	2	1	0
	Não compro algo, a menos que seja novo (por exemplo, carro, casa).	4	3	2	1	0
	Pessoas pobres são preguiçosas.	4	3	2	1	0
	Uma pessoa é muito bem-sucedida quando tem muito dinheiro.	4	3	2	1	0
	Pessoas ricas não têm motivos para serem infelizes.	4	3	2	1	0
SOMA =						
GRUPO 3: AVERSÃO	Pessoas ricas são gananciosas.	4	3	2	1	0
	Não é bom ter mais do que você precisa.	4	3	2	1	0
	As pessoas ficam ricas se aproveitando das outras.	4	3	2	1	0
	Pessoas boas não devem se importar com dinheiro.	4	3	2	1	0
	O dinheiro corrompe as pessoas.	4	3	2	1	0
SOMA =						

	É errado perguntar quanto dinheiro alguém tem ou ganha.	4	3	2	1	0
	O dinheiro deve ser economizado, não gasto.	4	3	2	1	0
GRUPO 4: VIGILÂNCIA	Se você não puder pagar à vista por algo, então não deve comprar.	4	3	2	1	0
	Eu ficaria nervoso se não tivesse dinheiro economizado para uma emergência.	4	3	2	1	0
	Eu ficaria envergonhado de contar a alguém quanto dinheiro ganho.	4	3	2	1	0

SOMA =

Na próxima parte, você vai responder sobre as suas atitudes e os seus comportamentos com o dinheiro.

		SEMPRE	QUASE SEMPRE	ÀS VEZES	QUASE NUNCA	NUNCA
	Você considera que é muito importante definir as suas metas para o futuro?	4	3	2	1	0
	Quando vai comprar alguma coisa, você cuidadosamente considera se pode pagar?	4	3	2	1	0
	Você acredita que alcançará os objetivos financeiros que estabeleceu para si?	4	3	2	1	0
	Você acredita que será capaz de economizar dinheiro suficiente para ficar bem de vida?	4	3	2	1	0
	Você paga suas contas no prazo?	4	3	2	1	0
GRUPO 5: COMPORTAMENTOS	**SOMA =**					
		SEMPRE	QUASE NUNCA	ÀS VEZES	QUASE SEMPRE	NUNCA
	Você acha muito difícil fazer planejamento dos gastos da sua família?	0	1	2	3	4
	Você acredita que é mais importante gastar dinheiro do que poupar para o futuro?	0	1	2	3	4
	Você adora comprar coisas e se sente muito bem quando faz isso?	0	1	2	3	4
	Você se preocupa demais com dinheiro?	0	1	2	3	4
	Você não costuma se preocupar com o futuro e vive apenas pensando no momento presente?	0	1	2	3	4
	SOMA =					

Agora, some seus resultados no GRUPO 5:

SOMA TOTAL GRUPO 5 =

SUA PONTUAÇÃO

GRUPO	VALOR
1	
2	
3	
4	
5	

COMO SABER O SEU AVATAR?

Some as pontuações e encontre seus resultados nos intervalos de números propostos para cada grupo. Note que é possível estar em mais de um avatar por grupo. O seu avatar principal será o que corresponder ao maior número de interseções entre os grupos; os restantes serão secundários. Veja abaixo um exemplo:

EXEMPLO SOMA DE VALORES

- GRUPO 1 - 16 pontos
- GRUPO 2 - 14 pontos
- GRUPO 3 - 12 pontos
- GRUPO 4 - 2 pontos
- GRUPO 5 - 26 pontos

CRENÇAS	ÁGUIA	GATO	CACHORRO	OVELHA	URSO	CORUJA
GRUPO 1 - Adoração ao dinheiro	18 a 20	13 a 17	7 a 12	0 a 6	7 a 12	13 a 17
GRUPO 2 - Status do dinheiro	13 a 17	18 a 20	13 a 17	7 a 12	0 a 6	7 a 12
GRUPO 3 - Aversão ao dinheiro	0 a 6	7 a 12	13 a 17	18 a 20	13 a 17	7 a 12
GRUPO 4 - Vigilância do dinheiro	7 a 12	0 a 6	7 a 12	13 a 17	18 a 20	13 a 17
GRUPO 5 - Comportamentos	30 a 40	20 a 29	10 a 19	0 a 9	10 a 19	20 a 29

AVATAR PRINCIPAL: GATO (avatar com as maiores pontuações)
AVATAR SECUNDÁRIO: CORUJA
OUTROS AVATARES: ÁGUIA E CACHORRO

Note que, no exemplo, a pontuação apresentou uma intersecção maior de números no avatar gato, mas esteve em outros três avatares. Isso significa que a pessoa do exemplo tem como principais características de crenças e comportamento financeiro o gato, mas também possui inclinações para outros avatares. É normal que você tenha pontuações em múltiplos avatares, por isso é importante que leia com atenção a descrição dos avatares a seguir.

Lembre-se: esta é uma maneira lúdica e divertida de aproximar você do autoconhecimento necessário para melhorar as suas crenças e sair de um FVFT para um FVFS.

Então, marque suas pontuações em cada grupo e identifique o seu avatar principal e o(s) secundário(s):

CRENÇAS	ÁGUIA	GATO	CACHORRO	OVELHA	URSO	CORUJA
GRUPO 1 - Adoração ao dinheiro	18 a 20	13 a 17	7 a 12	0 a 6	7 a 12	13 a 17
GRUPO 2 - Status do dinheiro	13 a 17	18 a 20	13 a 17	7 a 12	0 a 6	7 a 12
GRUPO 3 - Aversão ao dinheiro	0 a 6	7 a 12	13 a 17	18 a 20	13 a 17	7 a 12
GRUPO 4 - Vigilância do dinheiro	7 a 12	0 a 6	7 a 12	13 a 17	18 a 20	13 a 17
GRUPO 5 - Comportamentos	30 a 40	20 a 29	10 a 19	0 a 9	10 a 19	20 a 29

SEU RESULTADO:
AVATAR PRINCIPAL: _____
AVATAR SECUNDÁRIO: _____
OUTROS AVATARES: _____

Agora, conheça as características de cada avatar:

ÁGUIA

A águia é uma ave que ama a liberdade. Você já teve a oportunidade de vê-la voando? É sempre muito alto! Para você, o dinheiro representa o caminho para conquistar essa "altura" na vida e, assim, ser livre para fazer o que quiser.

Em partes, isso está certo. O dinheiro pode mesmo nos proporcionar muitos confortos e não há nada de errado com isso. O problema é quando perdemos de vista o longo prazo ou pensamos que todos os nossos problemas se resolvem com uma conta bancária recheada. Na ânsia de querer realizar sonhos, ter uma vida cheia de regalias e fazer o que der na telha sem se preocupar com a conta bancária, gastamos tudo o que temos sem nem perceber.

Uma vida financeira saudável é aquela que nos permite aproveitar as oportunidades do hoje sem perder de vista o amanhã. Então, por vezes, será necessário abrir mão de conquistas imediatas para garantir um futuro com menos preocupações. Hoje, você consegue trabalhar e produzir um tanto. Daqui a um tempo, esse tanto naturalmente será menor, porque todos nós envelhecemos, lidamos com as limitações que vão chegando e também vemos a nossa energia diminuir.

Outro ponto importante é a associação de dinheiro à felicidade. Afinal, quanto mais dígitos a sua conta bancária tiver, mais motivos você terá para ser feliz, não é? De fato, não precisar contar cada moeda para pagar as contas no fim do mês é um privilégio. Poder comprar itens de luxo e fazer viagens internacionais também é muito bacana. Mas a vida não se resume a isso. O dinheiro precisa ser nosso aliado sempre, não nosso carcereiro.

O que acha de fazer um exercício? Em um papel, escreva todas as coisas que o dinheiro não pode comprar. O abraço de um filho, o amor sincero de um cônjuge, um pôr do sol incrível no fim do dia, a brisa leve nas manhãs, o cheirinho de café e pão fresco aos fins de semana, um bilhete carinhoso da família. Felicidade também é isto: saber apreciar as delicadezas do dia a dia. Elas passam tão rápido...

GATO

Para você, sucesso e dinheiro são interdependentes. Ou seja, quanto mais dinheiro alguém tem, mais sucesso terá, e vice-versa. Você também acredita que a felicidade faz parte desse pacote: quanto mais recheada for a conta bancária de uma pessoa, menos motivos ela tem para ser infeliz. Não precisar se preocupar com dívidas e privações por falta de grana é uma delícia.

A riqueza atrai você. Mesmo que ainda não se considere uma pessoa rica, almeja ganhar mais e ir "subindo na vida". Afinal, todos os seus sonhos poderiam ser facilmente realizados caso você tivesse mais dinheiro. Já imagina o dia em que poderá fazer viagens internacionais com regularidade, frequentar bons restaurantes, comprar itens de luxo. Aliás, você gosta de consumir o que há de melhor no mercado, não é? Já que é para comprar, que seja algo bom, novo, de qualidade.

Uma pergunta: você tem um felino de estimação em casa? Os gatos são conhecidos por sua personalidade forte. Até que estabeleçam alguma relação com seus cuidadores e sintam que estão em um ambiente seguro e previsível, são desconfiados. Você também desconfia de quem é acomodado com o que tem e não almeja ter mais. Gosta de estar rodeado de pessoas que levem um estilo de vida parecido com o seu, que falem de novos projetos, que busquem crescer profissionalmente e estejam sempre atentas a novas oportunidades de ganhar dinheiro.

É verdade que uma vida financeira saudável nos permite alguns bons luxos. Mas também é importante fazer planos de médio e longo prazo, e poupar para eles. Pegue um papel e uma caneta e escreva como você imagina que suas economias estejam daqui cinco, dez e vinte anos. Ao lado, coloque o que você tem feito para que esses cenários se concretizem. Você está financeiramente preparado para lidar com um grande imprevisto?

Felicidade também é isto: saber apreciar as delicadezas do dia a dia. Elas passam tão rápido...

@papaifinanceiro

CACHORRO

Você ainda evita ter conversas ou pensar muito sobre o dinheiro, porque sente que não deveria se importar tanto com isso. Se tiver o suficiente para pagar os boletos e se divertir um pouco, ótimo. Estudar sobre investimentos também não é muito confortável. Você sente um pouco de medo de, ao começar a falar abertamente sobre dinheiro, ser visto como alguém arrogante ou prepotente. Receia até perder amigos ou se afastar de familiares.

Por outro lado, você acredita que há alguma relação entre dinheiro e sucesso. Pessoas realizadas em suas profissões, com boas posições na empresa em que trabalham, têm suas necessidades financeiras atendidas. São pessoas mais felizes porque não precisam se preocupar com o básico e podem usufruir de muitos confortos. Não que a felicidade seja unicamente uma consequência de ter dinheiro ou não, mas ele ajuda, e muito.

Essa situação deixa você confuso. Por um lado, você acredita que uma vida mais simples, sem acúmulos nem tantos supérfluos, é o ideal. Humildade é uma virtude considerada importante. Mas, ao mesmo tempo, você deseja crescer profissionalmente, ganhar mais dinheiro para realizar os seus sonhos e os das pessoas que ama. Tem vontade de dar passos mais largos, mas ainda não sabe muito bem como fazer isso. O dinheiro parece ser o mocinho e o vilão, tudo junto e misturado.

Um bom exercício é dividir um papel em duas partes. De um lado, escreva todos os motivos pelos quais você acredita que almejar ter mais dinheiro é algo a ser evitado. Do outro, coloque o que você gostaria de realizar ou adquirir se tivesse uma condição financeira mais favorável.

OVELHA

Falar sobre dinheiro ainda é complicado, não é? Você evita tocar nesse assunto porque se sente desconfortável. Fica imaginando que dinheiro é sujo; que pessoas boas não devem se preocupar com isso; que é errado desejar ter mais, sendo que você já tem o suficiente para uma vida digna; que uma conta bancária recheada corrompe as pessoas e as torna arrogantes; e ainda que é injusto ter dinheiro enquanto muitas pessoas morrem de fome mundo afora. Pensamentos assim estão tão interiorizados em nós que, muitas vezes, nem paramos para pensar sobre isso, certo? Pois também são crenças limitantes: aquilo em que acreditamos, mas que não condiz com a realidade e nos impede de alcançar alguns de nossos objetivos.

Veja, você não precisa ser milionário, mas precisa, sim, pensar sobre dinheiro. Sabe por quê? Porque ter dinheiro permitirá que você faça uma viagem com a família, que almoce em um restaurante diferente, que pague uma boa escola para os seus filhos, que tenha um plano de saúde, que ajude alguém que está em apuro, que colabore com recursos para um projeto social. O dinheiro em si não é ruim; é só um meio para conquistarmos coisas. Concordamos que há quem use dinheiro para fins ilícitos ou prejudiciais, mas este não é o seu caso, visto que você está buscando aprender mais sobre as suas economias.

Podemos olhar para as finanças pensando em como proporcionar mais conforto e bem-estar à família. Além disso, também temos que pensar no futuro. Torcemos para que tudo sempre dê certo, mas, às vezes, as coisas saem dos trilhos. Se tivermos uma reserva financeira, é mais fácil lidar com os imprevistos sem perder a cabeça.

Antes de aprender sobre reserva de emergência, investimentos e planilhas financeiras, você precisa fazer um exercício de autoanálise. Tente buscar as raízes das suas crenças limitantes. Por que é tão difícil ter conversas sobre dinheiro? Passei por algum trauma em relação a isso? Ou acredito que essa é uma herança que veio dos meus pais? Responda essas perguntas com muita sinceridade. Pode ser que você encontre respostas dolorosas, mas isso faz parte do caminho de crescimento e amadurecimento.

URSO

Você acredita que o dinheiro pode ajudar a ter uma vida mais confortável e a facilitar alguns caminhos, mas ainda carrega receios em relação a ganhar mais. Parece que, quanto mais rico alguém é, mais a pessoa se afasta da humildade pela qual você tanto preza, não é? Deve conhecer pessoas que, à medida que acumularam mais bens, deixaram de valorizar os antigos amigos e familiares.

A grande questão é que você ainda sente bastante dificuldade em conversar sobre dinheiro, inclusive com seu parceiro. Gosta de calcular cada movimento financeiro, procura sempre por ofertas e pensa muitas vezes antes de comprar alguma coisa. Você teme o futuro e, por isso, economiza o máximo que pode. É difícil se permitir uma ou outra regalia: um produto mais caro, uma viagem não programada, um passeio inesperado.

Pense na seguinte situação: em uma quarta-feira, um amigo liga fazendo um convite para passar o fim de semana na praia. Isso não estava no seu planejamento. Embora você goste muito desse colega, decide recusar a oferta. Afinal, um programa assim custa caro: tem a gasolina do carro, a hospedagem na pousada (caso esse amigo não tenha uma casa lá), os gastos com comida e bebida... E nunca se sabe o dia de amanhã, certo? Vai que esse dinheiro faz falta depois. Por isso, melhor ficar em casa e economizar.

Tal como um urso, tido como um animal super reservado e até agressivo, as pessoas veem você como alguém inflexível em relação ao dinheiro: é sempre melhor ponderar muitas vezes e poupar antes de passar o cartão. Alguns até dizem que você não se permite momentos de diversão e improviso.

Sugestão: se amanhã dissessem que o seu futuro está garantido e que não haverá nenhum apuro financeiro na sua vida, o que você faria com o dinheiro que já tem? Coloque isso em um papel. Será mesmo que não dá para se permitir um pouco de lazer? O que você tem é fruto do seu esforço. Você trabalha todos os dias para conseguir isso. Tudo bem nos dar alguns mimos de vez em quando. Também precisamos desse autocuidado.

CORUJA

Você acredita que o dinheiro é um grande facilitador: permite que as conquistas sejam mais rápidas; dá liberdade para fazer o que quiser e quando quiser, sem precisar depender de outras pessoas; e abre caminhos para uma vida mais confortável, sem tantas preocupações. Afinal, com uma boa reserva financeira, não há por que se inquietar tanto com o amanhã.

Dinheiro também é poder: poder recusar um trabalho que não agrada muito, por exemplo, porque você não precisa tanto assim dele; poder viajar para onde quiser; poder usufruir dos prazeres da vida sem ter que colocar cada movimento na ponta do lápis.

Pode ser que você ainda não se considere rico, mas almeja ganhar mais. Acredita que o dinheiro não é o único responsável pela felicidade das pessoas, mas que ele pode, sim, trazer um tanto de alegria para elas. Certo meme dizia: "dinheiro não traz felicidade, mas me leva para Paris, o que é quase a mesma coisa". Seja sincero: você compartilharia esse meme nas suas redes sociais.

Por outro lado, você sabe que é importante poupar e que não é muito inteligente pôr o carro na frente dos bois. Evita comprar coisas pelas quais não pode pagar em um curto prazo. Não gosta muito de ter conversas sobre dinheiro: é melhor que cada um cuide de suas finanças dentro de casa, sem ter que expor isso para terceiros.

A coruja é símbolo de sabedoria e de mistério. Essa também é a maneira como você lida com a sua vida financeira: discretamente, fazendo escolhas inteligentes, mas sempre buscando conquistar uma conta bancária mais animadora.

Agora, após a leitura dos seus avatares principal e secundário, e também de todos os outros, quero que você faça uma atividade de reflexão. Na tabela a seguir, escreva as características dos seus avatares que mais lhe agradam, e aquelas que incomodam e você gostaria de mudar. Essa reflexão é muito importante para o seu processo de autoconhecimento.

AVATARES	PRINCIPAL	SECUNDÁRIO
Características que mais lhe agradam		
Características que gostaria de mudar		

Tal como um urso, tido como um animal super reservado e até agressivo, as pessoas veem você como alguém inflexível em relação ao dinheiro: é sempre melhor ponderar muitas vezes e poupar antes de passar o cartão.

@papaifinanceiro

CAPÍTULO 5

2ª ETAPA: AUTORRESPONSABILIDADE PARA TOMADA DE DECISÕES

O que for teu desejo, assim será tua vontade.
O que for tua vontade, assim serão teus atos.
O que forem teus atos, assim será teu destino.
Deepak Chopra[73]

Milton nunca conseguiu guardar dinheiro. Gostaria de dar à filha a grandiosa festa de debutante com a qual ela sempre sonhou, mas o orçamento não permite. A comemoração será um bolinho para a família "e olhe lá". Segundo ele, a culpa é do seu chefe, que não o valoriza. Faz cinco anos que Milton não recebe aumento na empresa em que trabalha como gerente administrativo.

Aos 38 anos, Milton sente que está estagnado financeiramente, que não tem dinheiro para nada, e vive reclamando pelos cantos. Quando acessa a fatura do cartão, dá bronca na esposa por causa dos altos gastos. Mas não adianta, no mês seguinte, é a mesma coisa. Para piorar, a sogra está doente, precisando de sua ajuda financeira.

Essa é a história que Milton conta nas rodas de amigos para justificar o fato de estar sempre "zerado". Mas o que ele não conta é que não faz um curso ou atualização há mais de dez anos ("Não tenho tempo", justifica), atrasa as entregas dos relatórios no trabalho ("Esses prazos são muito curtos", diz), e nem leva ideias e sugestões construtivas para as reuniões. Em casa, é ele o mais consumista, vive gastando com presentes para todos, além de ingressos e viagens para acompanhar seu time de futebol do coração, do qual coleciona todo tipo de peça e souvenir (ele não resiste!). Se bem que, agora, os companheiros de torcida têm sentido falta dele, que não aparece mais no bar para tomar aquela gelada e, quando aparece, está ranzinza e mal-humorado. "Miltão mudou. Nunca mais pagou uma rodada para os amigos como sempre fez", dizem.

---

73 CHOPRA, D. **As sete leis espirituais do sucesso**. Porto Alegre: BestSeller, 2020.

Ao transferir a culpa de seus problemas financeiros para outra pessoa – o chefe, a esposa, a sogra –, Milton não percebe que a solução está em suas próprias mãos. Em vez de se preocupar em aprimorar seu autoconhecimento e inteligência financeira, ele prefere se esquivar. Se passasse a ser um profissional mais aplicado, se administrasse melhor seus gastos impondo-se metas de economia e encontrasse bons investimentos para multiplicar o seu dinheiro, ele não estaria assim, tão cabisbaixo. Em outras palavras, se refletisse sobre suas ações, assumisse a responsabilidade pelas suas escolhas e aprendesse com seus erros, Milton seria capaz de transformar sua realidade. Mas ele prefere apontar culpados...

Percebe a diferença? Eu sei, é muito – *muito* – mais fácil culpar o governo, o chefe, o vizinho, a família, o trânsito, a chuva, a falta de tempo e os políticos por todas as mazelas da nossa vida. Mas cruzar os braços e ficar apontando culpados é o caminho mais rápido para a infelicidade. Ao se tornar responsável pelas suas escolhas, você assume que aquilo do que se queixa só mudará se você mudar. E isso é transformador!

É a ideia da famosa frase de Freud: "Qual a sua responsabilidade na desordem da qual você se queixa?"[74], dita a uma paciente com a intenção de provocar uma reflexão. Talvez a pessoa estivesse se queixando de algo de que só está acontecendo porque ela permite.

Para mudar e abandonar esse hábito, é preciso olhar para dentro de si. E é exatamente por isso que falamos sobre autoconhecimento no capítulo anterior. Vimos que ter clareza do que se quer para a vida é o primeiro grande passo para transformar a relação com o dinheiro. É ampliando o conhecimento sobre si mesmo e compreendendo que resultados são reflexos das suas ações que você poderá partir para o segundo passo da Montanha dos Três Autos: a autorresponsabilidade financeira.

AFINAL DE CONTAS, O QUE É AUTORRESPONSABILIDADE?

É tudo o que falta a Milton. A verdade é que a transferência de culpa é um hábito comum a muitas pessoas que sequer percebem, e está arraigado aos campos

---

[74] COUTO, L. F. S. Dora, uma experiência dialética. **Ágora: Estudos em Teoria Psicanalítica**, v. 7, n. 2, p. 265-278, 2004. Disponível em: https://doi.org/10.1590/S1516-14982004000200006. Acesso em: 11 ago. 2022.

Talvez você tenha receio de não possuir, mas ser possuído pelo seu trabalho, pela sua necessidade de aceitação, de validação, de ser querido. Se for isso mesmo, vou lançar uma verdade: se quiser uma vida com um propósito recompensador, você precisa possuir a sua vida.

pessoal, profissional, financeiro e amoroso da vida, especialmente quando algo dá errado.[75] Autorresponsabilidade é a capacidade de responsabilizar a si mesmo por tudo aquilo que acontece na própria vida.

A palavra "responsabilidade" – que aparecerá dezenas de vezes neste capítulo – significa capacidade de resposta. Portanto, "autorresponsabilidade" significa não apenas ter a capacidade de responder por suas atitudes, decisões e escolhas, como também de participar ativamente da construção do seu destino, assumindo a responsabilidade pelas consequências, sejam elas boas ou ruins.

Gosto muito da analogia usada por Paulo Vieira, autor de *O poder da autorresponsabilidade*.[76] Imagine que sua vida é um barco, e que você navega em direção ao destino, seu objetivo. Você não tem controle sobre alguns fatores, como o vento ou a correnteza, mas se largar o leme e se deixar guiar por essas circunstâncias será impossível chegar aonde quer. Durante a navegação, será preciso ajustar o mapa, remar e enfrentar tempestades, fazendo o que está ao seu alcance para cumprir o plano. Simplesmente colocar a culpa nos fatores externos significa que são eles, e não você, que comandam seu barco; em outras palavras, sua vida.

VOCÊ POSSUI A SUA VIDA?

Há alguns anos, nas minhas palestras sobre saúde financeira e desenvolvimento pessoal, eu começava com uma sequência de três perguntas para a plateia, pedindo que levantassem a mão ao responder com um sim. Primeiro perguntava quem tinha carro. A maioria levantava a mão. A segunda pergunta era quem possuía casa própria, e uma boa parte erguia o braço. A terceira pergunta era quem era dono ou dona da própria vida. A reação era sempre a mesma: silêncio e braços abaixados; muitos se entreolhavam. Acredito que alguns tentavam saber se os demais haviam entendido a pergunta da mesma maneira. Outros ficavam intrigados ao descobrir que talvez não fossem donos de suas vidas como pensavam.

---

[75] AUTORRESPONSABILIDADE: um conceito poderoso para a realização de suas metas. **Febracis**. Disponível em: https://febracis.com/autorresponsabilidade/. Acesso em: 11 ago. 2022.

[76] VIEIRA, P. **O poder da autorresponsabilidade**: a ferramenta comprovada que gera alta performance e resultados em pouco tempo. São Paulo: Gente, 2018.

Então, eu pergunto: E você? Você possui a sua vida?

Com essa provocação, muitas questões vêm à nossa cabeça. Mas, no geral, acredito que sei mais ou menos o que você está sentindo. Talvez você tenha receio de não possuir, mas ser possuído pelo seu trabalho, pela sua necessidade de aceitação, de validação, de ser querido. Se for isso mesmo, vou lançar uma verdade: se quiser uma vida com um propósito recompensador, você precisa possuir a sua vida. E sabe qual a única maneira de você possuir a sua vida? Desenvolvendo autorresponsabilidade.

Na nossa cultura, costumamos associar a responsabilidade a um dever ou a uma obrigação. Temos responsabilidades na escola quando somos crianças e adolescentes; depois, temos responsabilidades no trabalho e com a nossa família. Agora, uma pergunta retórica: você se sente responsável quando faz todas as coisas que os outros esperam de você? Acredito que sim, é o que costuma acontecer. Mas você já parou para pensar sobre a sua responsabilidade consigo mesmo?

VOCÊ É AUTORRESPONSÁVEL? SAIBA POR QUE ISSO IMPORTA

Ser autorresponsável significa avaliar suas decisões e atitudes e exercitar a autoconsciência para aprender com os erros, sem usar os outros como muletas para justificar deslizes. Sim, requer disciplina. Sim, dá trabalho.

Existe outra opção, a fácil, e é a que a maioria das pessoas adota. Pense em quantos Miltons existem por aí. Culpar a todos e a tudo pelo que você não conquistou, além de injusto, é a maneira mais trágica de se tornar uma pessoa amarga e derrotada. Cada pessoa neste planeta tem motivos de sobra para justificar seus fracassos. Mas, no fundo, mesmo a pessoa mais vitimista da face da Terra não quer que sintam pena dela. Afinal, o quanto você quer que outras pessoas sintam real pena da sua vida?

Ao terceirizar a responsabilidade pelas nossas falhas, acabamos reforçando crenças limitantes. *Os outros precisam mudar para que a minha vida melhore*; *O mundo está em crise, por isso tudo está muito difícil para mim*; *Não tenho jeito para isso*; *Eu não posso/ não consigo/ não sei fazer isso*; e *Sou muito velho para isso* são alguns exemplos. Bom, se não temos controle sobre um acontecimento, não podemos alterá-lo. Mas o exercício da autorresponsabilidade nos ajuda a ver que temos, sim, controle sobre muitas coisas, e isso faz toda a diferença.[77]

COMO DESENVOLVER A AUTORRESPONSABILIDADE?

Se você deseja uma mudança profunda, olhe para o que está acontecendo na sua vida agora e reconheça o papel que desempenhou e ainda desempenha para que isso tudo tenha se tornado real. O que você fez para o que está bom estar bom? O que você fez para o que está ruim estar ruim? Isso significa assumir a responsabilidade por aspectos da sua vida que estão sob o seu controle. Mas atenção: responsabilizar-se não é ficar se culpando, e, sim, reconhecer o seu papel e aprender com cada situação.

Para se tornar alguém autorresponsável, você precisa praticar a paciência, a consistência, e persistência. São três coisas diferentes. Paciência é saber esperar; consistência é fazer algo com regularidade, com frequência; e persistência é fazer algo durante um longo tempo. O aprendizado é contínuo e alguns passos são fundamentais:

- Questione-se sobre como você pode ser responsável pelos acontecimentos ao seu redor;
- Aprenda com os erros em vez de justificá-los ou transferir a culpa;
- Em um exercício de autoconsciência, observe suas atitudes e decisões, e busque dentro de si explicações para suas próprias reações;
- Ao desenvolver consciência sobre a sua participação nos acontecimentos, elabore um plano de ação para inibir hábitos que estejam prejudicando a sua vida.

---

[77] MARQUES, J. R. Autorresponsabilidade – o que é e qual a sua importância? **Instituto Brasileiro de Coaching (IBC)**, 26 fev. 2021. Disponível em: https://www.ibccoaching.com.br/portal/mudanca-de-vida/autorresponsabilidade-o-que-e-e-qual-a-sua-importancia/. Acesso em: 12 ago. 2022.

Ao se tornar responsável pelas suas escolhas, você assume que aquilo do que se queixa só mudará a partir da sua própria mudança. E isso é transformador!

@papaifinanceiro

AUTORRESPONSABILIDADE FINANCEIRA

Desenvolver consciência das ações cotidianas inclui, claro, responsabilizar-se pelas escolhas que você faz com seu dinheiro. Afinal, ter sucesso financeiro passa por uma sequência de decisões inteligentes. Manter uma reserva financeira, organizar as despesas, contar com uma meta de gastos e um planejamento para o futuro não é coisa de gente chata ou metódica. É questão de assumir o controle da sua vida. Segurar o leme do seu barco.

Ser autorresponsável, entretanto, não significa que você não enfrentará obstáculos externos, pois, como vimos, nem tudo depende só de você. Desastres naturais e alguns problemas de saúde são eventos imprevisíveis que, apesar de interferirem na sua vida, não possibilitam nenhum controle da sua parte, certo?

A autorresponsabilidade financeira, então, está em separar as variáveis que você controla das que não controla (taxa de juros, inflação, câmbio) para tomar decisões que só dependem de você, como definir uma estratégia de gastos e investimentos, por exemplo.

O momento ideal de começar a ser autorresponsável com a sua vida financeira é agora mesmo. Para isso, apresento uma metodologia simples de organização financeira, que chamo de **Plano das Caixas e das Torneiras**.

ATIVIDADE 4
Hora de exercitar a sua autorresponsabilidade financeira

Você vai aprender a cuidar do seu orçamento de uma maneira fácil, visual e eficiente por meio de um método comprovado e desenvolvido por mim. O Plano das Caixas e das Torneiras já impactou e organizou a vida financeira de mais de 10 mil pessoas.

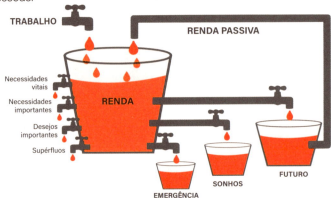

As caixas, como o próprio nome sugere, representam o dinheiro que você recebe e guarda para uma emergência, a realização de sonhos e a sua liberdade financeira no futuro.

CAIXAS

Esta classificação divide os caixas em objetivos de curto, médio e longo prazo:
Caixa T (do trabalho);
Caixa E (da emergência);
Caixa S (dos sonhos);
Caixa F (do futuro).

CAIXA T = Trabalho

Pense em toda a fonte de renda gerada pelo seu trabalho. A caixa T é o lugar para depositar toda a renda recebida, como salário mensal, 13º salário, bônus e comissões.

CAIXA E = Emergência

Esta será a caixa para guardar parte dos recursos recebidos para serem destinados aos imprevistos e emergências que poderão acontecer no futuro.

CAIXA S = Sonhos

Para guardar a parte dos recursos recebidos que você quer destinar à realização dos seus sonhos.

CAIXA F = Futuro

Destinado à sua liberdade financeira, ou seja, para que você viva de renda e possa se aposentar, se assim quiser.

> **ATENÇÃO!** *As caixas possuem sentido figurativo. Não é recomendado guardar dinheiro em caixas. Para que o seu dinheiro renda de verdade, você precisa investir.*

Vamos passar ao conceito das torneiras. Perceba que essa associação faz alusão a todo o dinheiro que sairá das suas caixas, e as torneiras poderão ser separadas em quatro grupos:

TORNEIRAS

Grupo A:
torneira das necessidades vitais;

Grupo B:
torneira das necessidades importantes;

Grupo C:
torneira dos desejos importantes;

Grupo D:
torneira dos supérfluos.

GRUPO A = Torneira das necessidades vitais

Neste grupo, serão considerados os gastos com necessidades vitais, ou seja, tudo aquilo que se refere aos custos básicos de sobrevivência, tais como: alimentação, moradia e saúde. Sempre pondere se o seu desejo está alinhado às suas necessidades.

GRUPO B = Torneira das necessidades importantes

Esta torneira é um pouco subjetiva, já que as necessidades poderão variar de acordo com as condições financeiras e o perfil de cada pessoa. Veja um exemplo: exercício físico é vital para o bem-estar do corpo e da mente, mas isso não é motivo para frequentar a academia mais cara da cidade.

GRUPO C = Torneira dos desejos importantes

Lembre-se de que as escolhas feitas neste grupo devem ser adequadas às suas necessidades. É importante definir os seus desejos de consumo e começar a priorizar quais são realmente importantes. Você vai se surpreender ao perceber que muitas coisas não são tão relevantes assim. Atente para não associar a torneira dos desejos importantes à caixa S. Sonhos são planejados, viram metas e objetivos que serão conquistados com o tempo. Desejos importantes são compras mais rotineiras.

GRUPO D = Torneira dos supérfluos

Tudo aquilo que você compra e que não se encaixa nos outros grupos de torneiras. Se não é vital, necessário ou desejo importante, vira totalmente supérfluo.

É importante definir os seus desejos de consumo e começar a priorizar quais são realmente importantes.

@papaifinanceiro

COMO USAR AS CAIXAS

CAIXA T

Tudo o que entra de renda para você chega primeiro à caixa T. Se você for assalariado, inclua os valores mensais de renda, o 13º salário, comissões e bônus, se tiver. Se for autônomo ou empreendedor, calcule o quanto você tem de renda disponível a cada mês. A ideia aqui é você saber com clareza qual é a sua renda líquida.

CAIXA E

Lembre-se de que as caixas são mais importantes do que as torneiras, uma vez que o seu objetivo sempre será enchê-las. A caixa E contém sua reserva de emergência. O valor acumulado nessa caixa deverá ser suficiente para que você viva com o mesmo padrão de vida usando as torneiras do grupo A e B por seis meses.

A reserva de emergência será fundamental em casos de imprevistos, tais como, a perda de um emprego ou algum gasto relacionado a despesas médicas não programadas. Por isso, é recomendável fazer o levantamento de todas as despesas mensais, como as que equivalem às torneiras do grupo A e B, para poder estimar qual será o gasto com as despesas futuras. Assim, é aconselhável que você multiplique esse valor por seis para obter o valor referente à reserva de emergência ideal.

CAIXA S

Imagine que um dos seus objetivos seja realizar uma viagem ao exterior nos próximos anos. Para atingi-lo, é importante se programar financeiramente. Faça o levantamento de quanto precisaria para realizar a viagem e verifique a possibilidade de economizar nos pequenos detalhes. Os sonhos podem ser de curto, médio e longo prazo.

CAIXA F

Esta caixa guarda a reserva destinada à sua liberdade financeira, à sua aposentadoria. Mesmo que você não consiga reservar parte do seu patrimônio para este fim, é importante destacar que qualquer reserva financeira destinada a esta caixa fará diferença no futuro. Por isso, comece com pouco, mesmo que seja algo entre 50 e 100 reais por mês. É nesta caixa que você vai construir a sua renda passiva para alcançar a liberdade financeira.

Achou difícil conseguir encher as caixas? Pois você vai perceber que ficará mais fácil quando aprender a fechar as torneiras.

COMO USAR AS TORNEIRAS?

A primeira torneira que você deve fechar é a do grupo D (dos supérfluos). Além dessa torneira, todas as outras podem ter o fluxo reduzido. Você pode diminuir seu plano de internet, por exemplo. Pode negociar o aluguel do apartamento – ou então se mudar para um lugar mais barato. Pode tentar diminuir gastos com transporte. E mais uma série de opções que deve avaliar para que suas contas fiquem menos pesadas.

Lembre-se: quanto menor for o número de torneiras, maior será o valor que você conseguirá destinar às suas caixas. A sua organização financeira também se beneficiará com um menor fluxo de despesas.

Dicas:
- Crie o hábito de pensar nas finanças como caixas e torneiras;
- Anote tudo o que ganhar e o que gastar;
- Deixe as anotações em locais visíveis.

PLANO DAS CAIXAS E DAS TORNEIRAS

EXEMPLO DE CAIXAS

CAIXAS							
TRABALHO		**EMERGÊNCIA**		**SONHOS**		**FUTURO**	
Renda	Valor	Item	Valor	Sonho	Valor	Estipule um valor mensal	
Salário ou renda líquida mensal	R$ 5.000	Torneira A	R$ 2.450	Sonho de curto prazo (até 2 anos) (viagem ao nordeste)	R$ 6.000	R$ 250	
13º salário	R$ 5.000	Torneira B	R$ 1.630	Sonho de médio prazo (2 a 5 anos) (carro usado)	R$ 50.000		
Bônus, lucros e participações (anual)	R$ 0	A + B	R$ 4.080	Sonho de longo prazo (mais de 5 anos) (faculdade da filha)	R$ 80.000		
Outras fontes de renda (anual)	R$ 25.000	Total caixa E = (A + B) x 6	R$ 24.480				
Revenda de produtos pelo Whatsapp							
Renda anual	R$ 90.000*						
Total caixa T (renda disponível mensal)	R$ 7.500**	Total caixa E	R$ 24.480	Total caixa S	R$ 136.000	Total caixa F R$ 250/mês	

*Note que a renda anual é a soma dos doze meses + bônus + outras fontes de renda. Se você não é um empregado CLT e tem uma renda variável, é importante levantar seu extrato bancário e ver a média do que recebeu nos últimos doze meses, fazendo uma estimativa.

**A renda da caixa T é a renda mensal disponível. Você simplesmente divide o valor da renda anual por 12.

EXEMPLO DE TORNEIRAS

A		B		C		D	
NECESSIDADES VITAIS		**NECESSIDADES IMPORTANTES**		**DESEJOS IMPORTANTES**		**SUPÉRFLUOS**	
Aluguel	R$ 800	Combustível	R$ 340	Acessórios	R$ 300	Fast food	R$ 580
Condomínio	R$ 450	Seguro do carro	R$ 260	Tênis	R$ 400	Roupas de marca	R$ 1.900
IPTU	R$ 90	Academia	R$ 120	Restaurantes	R$ 600		
Água, luz, gás	R$ 250	Escola	R$ 400				
Supermercado	R$ 450	Ração PET	R$ 80				
Plano de saúde	R$ 280	Vestuário básico	R$ 130				
Farmácia	R$ 130	Terapia	R$ 300				
TOTAL	R$ 2.450	TOTAL	R$ 1.630	TOTAL	R$ 1.300	TOTAL	R$ 2.480

TOTAL TORNEIRAS A + B + C + D = R$ 7.860

EMOÇÕES FINANCEIRAS

Note que a soma das torneiras é *maior* do que a renda da caixa T.

Para conquistar os objetivos das caixas acima, nesse exemplo, a pessoa terá que cortar a torneira D e reduzir a torneiras C o máximo que puder. Ela precisará fazer escolhas importantes para mudar o seu fluxo financeiro atual e conquistar todos os objetivos que incluiu nas caixas.

Agora, preencha o seu plano completo.

PLANO DE CAIXAS

CAIXAS							
TRABALHO		**EMERGÊNCIA**		**SONHOS**		**FUTURO**	
Renda	Valor	Item	Valor	Sonho	Valor	Estipule um valor mensal	
Salário ou renda líquida mensal	R$	Torneira A (calcule na próxima planilha)	R$	Sonho de curto prazo (até 2 anos) _____	R$	R$	
13º salário	R$	Torneira B (calcule na próxima planilha)	R$	Sonho de médio prazo (2 a 5 anos) _____	R$	R$	
Bônus, lucros e participações (anual)	R$	A + B	R$	Sonho de longo prazo (mais de 5 anos) _____	R$	R$	
Outras fontes de renda (anual)	R$	Total caixa E = (A + B) x 6	R$				
RENDA ANUAL	R$						
Total caixa T (renda disponível mensal)	R$	Total caixa E	R$	Total caixa S	R$	Total caixa F R$	

PLANO DE TORNEIRAS

A	B	C	D
NECESSIDADES VITAIS	**NECESSIDADES IMPORTANTES**	**DESEJOS IMPORTANTES**	**SUPÉRFLUOS**
R$	R$	R$	R$
R$	R$	R$	R$
R$	R$	R$	R$
R$	R$	R$	R$
R$	R$	R$	R$
R$	R$	R$	R$
R$	R$	R$	R$
TOTAL R$	TOTAL R$	TOTAL R$	TOTAL R$

TOTAL TORNEIRAS A + B + C + D = R$ _____

Parabéns! Você terminou uma etapa importante, preenchendo o seu Plano das Caixas e das Torneiras. No próximo capítulo, você utilizará algumas informações desse plano para o exercício de Virada de Chave.

O momento ideal de começar a ser autorresponsável com a sua vida financeira é agora mesmo.

@papaifinanceiro

CAPÍTULO 6

3ª ETAPA: AUTOCONTROLE FINANCEIRO É TUDO

O caminho para o inferno, dizem, está pavimentado de boas intenções. Prometemos poupar todos os meses para um futuro mais próspero, mas gastamos o nosso dinheiro em férias. Prometemos fazer dieta e perder peso, mas caímos na tentação quando o garçom pergunta: "Aceitam sobremesa? O nosso pudim de leite condensado é o melhor da cidade!" Prometemos fazer nossos exames periódicos e depois cancelamos a consulta.

Pense bem, quanto você está perdendo quando se deixa levar por comportamentos impulsivos e distrações? Quanto isso desvia você dos seus objetivos de longo prazo? Quanto da sua saúde é afetada por essas consultas médicas canceladas e pela sua falta de atividade física? Quanto da sua riqueza é perdida quando você se esquece do seu compromisso de economizar mais e consumir menos?

O fato é que, como disse antes, as emoções nos dominam e nos fazem ver o mundo sob uma perspectiva diferente. A verdade é que queremos perder peso, mas também gostamos de comer. Queremos ter segurança financeira, mas adoramos uma vitrine com a palavra "promoção". Nossa tendência é a ambivalência. Mesmo quando sabemos aonde queremos chegar, mesmo desenvolvendo autoconhecimento e maturidade em entender que somos os únicos responsáveis por esse caminho, ainda assim precisamos ter autocontrole para colocar o plano em prática.

Por isso, o autocontrole financeiro, terceiro e último passo da Montanha dos Três Autos, é onde separamos amadores de profissionais. Resistir ao desejo e à tentação não é algo simples e óbvio, pelo contrário. Muitas vezes, o autocontrole exige alinhamento interno, e o senso de que há algo maior por trás de apenas um desejo imediato.

A HABILIDADE QUE LEVA AO SUCESSO

Entre todas as habilidades que desenvolvemos, o autocontrole é o que nos separa definitivamente dos outros seres do reino animal. A capacidade de administrar nossos impulsos, nossas emoções e nossos comportamentos para atingir objetivos de longo prazo, que chamamos de autocontrole, está enraizada no córtex pré-frontal.[78] Ele funciona como uma central de planejamento, de solução de problemas e, mais ainda, de tomada de decisões. A abundância de conexões nervosas que desenvolvemos no córtex pré-frontal é o que nos permite planejar, avaliar alternativas e, no melhor dos mundos, evitar fazer coisas que podem causar arrependimentos mais tarde.[79] O córtex pré-frontal luta para não responder aos impulsos e às tentações de beber demais naquela festa e acordar péssimo no outro dia para trabalhar; pondera a sua decisão de comer aquele pudim de leite condensado em plena segunda-feira. Ele é seu aliado quando você não entra em nenhuma loja com a placa de "liquidação". Bravo!

O autocontrole é a capacidade de dominar os próprios impulsos, emoções e paixões. Essa habilidade não diz respeito a frear ou impedir que os sentimentos, especialmente os negativos, nos atinjam. Isso seria quase impossível, considerando que as emoções são espontâneas e automáticas. Autocontrole tem a ver com lidar com sentimentos de modo mais saudável.

Você acha que ele é relativo a cada indivíduo, que uma pessoa pode ter mais autocontrole que outra? Bem, a ideia de autocontrole como uma característica estável não é verdadeira, pois o nível dessa habilidade tende a aumentar e a diminuir ao longo do dia. Ou seja, é um recurso flutuante, que depende do ambiente, da situação específica, do momento do dia e do estado de espírito da pessoa, entre outras tantas variáveis.

---

[78] SERUCA, T. C. M. **Córtex pré-frontal, funções executivas e comportamento criminal**. Tese (Doutorado em Psicologia) – Instituto Universitário de Ciências Psicológicas, Sociais e da Vida. Lisboa, 2013. Disponível em: https://repositorio.ispa.pt/handle/10400.12/2735. Acesso em: 15 ago. 2022.

[79] BEVILÁQUA, L.; CAMMAROTA, M.; IZQUIERDO, I. Ganhos cerebrais. **Mente & Cérebro**: o olhar adolescente. São Paulo: Duetto Editora, v. 3, p. 14-19, 2007.

A nossa capacidade de estabelecer autocontrole também pode ser determinada como a força de vontade. Afinal, é essa força que nos permite focar uma coisa, apesar de tantas outras que aparecem na nossa frente. No fim das contas, o autocontrole é responsável pelo nosso sucesso em praticamente todas as áreas da vida, desde os relacionamentos afetivos até o sucesso profissional e acadêmico.

"NA SEGUNDA-FEIRA EU COMEÇO A DIETA"

O que há de errado com essa frase? Ela pode ser um sinal de que você está deixando coisas importantes para depois. *Amanhã começo a ler aquele livro. Vou aproveitar essa promoção porque estou precisando de sapatos, no mês que vem começo a poupar. Semana que vem, sem falta, começo a ir à academia.* Por que não hoje?

A famosa **procrastinação** (do latim *procrastināre*, formado pelo prefixo *pro-*, que se refere a "à frente", e o termo *crāstinus*, "dia seguinte") é a melhor palavra que define esse tipo de problema. Por que perdemos a luta contra a procrastinação com tanta frequência?

Quando você diz para si mesmo e para a sua família: "vou economizar dinheiro", você está em um estado que os cientistas comportamentais chamam de estado "frio". Antes de iniciarmos o nosso plano, tudo parece que vai funcionar. Mas acontece que estamos sempre mudando de estado "frio" para estado "quente". Em estado "quente", você encontra as distrações que tiram o seu plano do eixo. **Nosso estado emocional pode mudar de um dia para o outro, de uma hora para outra.**

Parece até piada, mas é justo quando você promete economizar que aparece aquele objeto de desejo, aquele sonho de consumo, não é mesmo? É exatamente quando você se compromete a se exercitar que encontra aquela série de televisão irresistível. Se no estado frio você planeja uma dieta, é logo no início da semana que você recebe um comentário negativo e se aborrece no trabalho. Então, no estado quente, você se desvia para aquele pudim de leite condensado. Se no estado frio você planeja poupar mil reais esse mês, é justamente quando você, depois de uma briga com o cônjuge, passa na frente da sua loja preferida e gasta os mil reais em algo legal, mas completamente desnecessário. Em estado quente, a vida real acontece.

Contra fatos não há argumentos. Desistir das nossas metas de longo prazo para acessar uma gratificação imediata é procrastinação. E a procrastinação vem da falta de autocontrole.

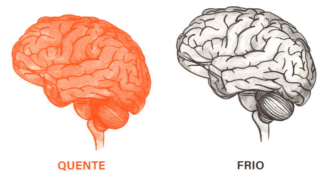

QUENTE — FRIO

NÃO DEIXE PARA POUPAR AMANHÃ O QUE VOCÊ PODE POUPAR HOJE

Atrasar intencional e frequentemente o início ou término de uma tarefa: eis o esporte preferido de quem é procrastinador. A preguiça pode até interferir, mas o que está em jogo aqui é algo muito mais complexo. Essa é uma verdadeira guerra entre duas áreas do nosso cérebro!

Lembra que o córtex pré-frontal está ligado à consciência e ao planejamento do futuro? Pois ele entra em conflito com o sistema límbico, chamado cérebro primitivo, que está relacionado aos prazeres imediatos e às respostas emocionais.[80] É a batalha entre o preparo para o futuro e a gratificação imediata. E quem ganha essa luta?

Essa é uma batalha que vem de longe, de dezenas de milhares de anos atrás. Nossos antepassados eram caçadores-coletores, dependiam da caça e principalmente da coleta de alimentos, e viviam a cada dia o risco iminente de serem mortos por um animal selvagem ou de não encontrarem comida. A expectativa de vida era bem curta e nossa rotina ancestral era recheada por demandas urgentes. Não havia garantia de comida, e passar fome por dias seguidos, ou até semanas, era algo comum.

---

[80] PAGANO, C. R. R. Sistema límbico: o centro das emoções. **TeleNeuroEnsaios**, 2003. Disponível em: http://www.edumed.org.br/cursos/neurociencia/cdrom/Monografias/. Acesso em: 13 jan. 2023.

Na pré-história, a caça de um animal era muito valorizada, pois esse era o caminho mais rápido para uma grande absorção de gordura. Os alimentos gordurosos fornecem energia de sobra para um ou dois dias, e o cérebro recompensa esse banquete liberando dopamina, o neurotransmissor que dá a sensação de prazer. Está explicado o seu amor por hambúrguer.

Hoje em dia, nós não temos mais essa necessidade de garantir a sobrevivência, mas o nosso cérebro continua nos recompensando com bem-estar quando cumprimos uma meta que ele reconhece como importante, como beber água quando temos sede.

No decorrer dos milênios, esse cérebro primitivo, preocupado apenas com a sobrevivência no curto prazo, foi cedendo espaço para o planejamento de futuro. Estocar comida ou construir um abrigo para se proteger do frio não inundavam o cérebro de dopamina, mas permitiam vantagem competitiva sobre os demais homens que não se preocupavam com o dia seguinte. Foi a nossa capacidade de adiar recompensas e pensar no futuro que nos permitiu estar aqui até hoje.

É assim que o mundo funciona. A vida de hoje é resultado das escolhas que fizemos ontem, e construir um futuro melhor pode envolver alguns sacrifícios. Pense comigo, só as tarefas repetitivas, trabalhosas e cansativas, que não liberam um pingo de dopamina, são procrastinadas. Temos uma grande dificuldade em perceber o valor dos comportamentos que não trazem retorno imediato. E identificar essa diferença já é um avanço.

Mas quem não consegue se autocontrolar e fica preso ao sistema de recompensa imediata para "curtir a vida adoidado" pode sofrer depois. Você deve conhecer a fábula infantil *A cigarra e a formiga*.[81] Durante o verão, a cigarra quis aproveitar o tempo bom e **passou os dias cantando**, enquanto a formiga **trabalhou de modo diligente**, reunindo alimentos para sobreviver ao inverno. Quando chegaram os dias de frio e chuva, a cigarra não tinha o que comer e pediu à outra que partilhasse a comida. A formiga recusou, dizendo que a cigarra passou o verão cantando e, agora, dançou. Imagine o suplício da cigarra, com fome, arrependida de não ter se planejado e ainda ouvindo a zombaria da formiga.

Procrastinar pode até ser divertido, mas uma hora a vida cobra. Estresse, sensação de culpa, percepção de improdutividade, vergonha em relação aos

---

[81] LA FONTAINE, J. de. **A cigarra e a formiga**. Disponível em: https://www.ipirangadonorte.mt.gov.br/fotos_escola/942.pdf. Acesso em: 18 ago. 2022. (Adaptado.)

outros e sofrimento por não realizar o que sonhava são alguns sentimentos que podem aparecer lá na frente.

Sei que você está cheio de gás para ir atrás dos seus objetivos. Tenha em mente que estará sempre cercado de gratificações instantâneas – provavelmente mais divertidas ou prazerosas do que aquelas importantes para o seu futuro –, as distrações que só afastam você do seu real objetivo.

"SÓ EXISTE AUTOCONTROLE NO PRESENTE"

Essa afirmação é da respeitada professora de Psicologia Econômica Vera Rita de Mello Ferreira, pioneira nessa área no Brasil. Ela diz que acreditar que lá na frente vai ser muito mais fácil fazer algo que adiamos agora é uma crença infundada na capacidade futura, uma das maiores ciladas em que podemos cair. Concordo 100% com ela. Entre a intenção e a ação tem uma bela distância.

É fácil imaginar poupar dinheiro na próxima semana, no próximo mês, mas que tal agora mesmo? Você concorda que a sua promessa é racional, e entende a importância de executar essa ação, mas quando a joga para frente está acreditando que vai ser mais fácil amanhã do que seria hoje. Como se o seu eu do futuro fosse alguém mais capaz do que o seu eu do presente. Como se amanhã você se fosse se tornar mais disciplinado, e as razões que o impedem de começar hoje fossem desaparecer. Como se no futuro tudo o que atrapalha hoje – preocupações, estresse, imprevistos, falta de tempo – deixasse de existir. É uma ilusão. Pois sinto dizer que amanhã você também terá desafios, talvez até os mesmos; e serão tão difíceis, ou tão fáceis, quanto são hoje.

Você concorda que a sua promessa é racional, e entende a importância de executar essa ação, mas quando a joga para frente está acreditando que vai ser mais fácil amanhã do que seria hoje.

@papaifinanceiro

Essa crença que atribuímos à nossa capacidade futura é infundada. Por isso é correto afirmar que não existe autocontrole futuro.[82] Ou temos autocontrole hoje, ou não temos. Se você não resistiu e comeu o pudim, perdeu o autocontrole. Se passou na vitrine e a placa de "promoção" falou mais alto, perdeu também.

CONTROLANDO A IMPULSIVIDADE

Se tem uma coisa que atrapalha o autocontrole é a impulsividade. Logo, se você quer ter mais autocontrole, precisa treinar o controle dos impulsos. E, acredite, essa é uma habilidade que você pode treinar com algumas técnicas simples.

Segundo o neurocientista Andrew Huberman, professor da Faculdade de Medicina da Universidade de Stanford,[83] podemos criar mecanismos conscientes de controle de impulsos e manter fortes os "circuitos proibidos" do cérebro.

Pequenos momentos de autocontrole podem atuar como um exercício prático. Por exemplo, não pegue seu celular. O desejo de entrar nas redes sociais está lá, seja forte e se recuse a ligar o aparelho por um determinado intervalo de tempo. Outro exercício: adie por alguns minutos aquele docinho que você deseja.

E as compras por impulso? Como resistir? Bom, como você já percebeu, a compra por impulso é uma gratificação instantânea, gera prazer imediato. Um estudo publicado na revista científica *Psychology and Marketing* descobriu que uma compra assim gera em nosso cérebro um efeito semelhante ao sentido por usuários de drogas.[84] Outra pesquisa, que ouviu mais de mil

---

[82] NÃO existe autocontrole futuro (portanto, não se tapeie...) Vera Rita de Mello Ferreira. 2019. Vídeo (4 min. 32 s.). Publicado pelo canal **Pílulas de psicologia econômica dra Vera Rita**. Disponível em: https://www.youtube.com/watch?v=2I7RTKUYbc0. Acesso em: 20 ago. 2022.

[83] COMO treinar seu autocontrole para não estragar sua vida, segundo neurocientista de Stanford. **Comunidade VIP**, 22 abr. 2022. Disponível em: https://comunidadevip.com.br/2022/04/22/como-treinar-seu-autocontrole-para-nao-estragar-sua-vida-segundo-neurocientista-de-stanford/. Acesso em: 20 ago. 2022.

[84] ATALAY, A. S.; MELOY, M. G. Retail therapy: a strategic effort to improve mood. **Psychology & Marketing**, v. 28, n. 6, p. 638-659, 2011. Disponível em: https://doi.org/10.1002/mar.20404. Acesso em: 20 ago. 2022.

adultos nos Estados Unidos, revelou que 96% deles compraram alguma coisa para poder se sentir melhor.[85]

Quando compramos impulsivamente, estamos, na verdade, buscando inundar o nosso corpo com uma emoção positiva. É o fenômeno que Jennifer Lerner, professora de Psicologia da Universidade de Harvard, e suas colegas Ye Li e Elke Weber, da Universidade de Columbia, batizaram de "angústia míope".[86] Se estamos tristes, nosso autocontrole diminui, baixando a guarda para decisões erradas. A tristeza nos faz buscar uma gratificação imediata, mesmo que coloque em risco uma grande conquista no futuro. O problema é que esse prazer dura pouco, e logo as emoções negativas voltam trazendo outras, como remorso e culpa. Esse impulso pode gerar efeitos colaterais negativos a longo prazo, como o endividamento.

E se pudéssemos enganar nosso cérebro de modo a desencadear sentimentos positivos sem ter de gastar dinheiro? Pode ser tão simples quanto pensar em alguma coisa pela qual você se sente grato; ou fazer uma boa ação; reservar um tempo para a atividade de que você mais gosta. Ou pensar na sua meta sendo atingida. Aquele plano que realmente vale a pena. Para atingir uma sensação de bem-estar mais duradoura, precisamos ir além do impulso da gratificação imediata.

IMPULSO PARA POUPAR

O brasileiro poupa pouco. Segundo o "Raio X do Investidor Brasileiro 2022", apenas um terço dos brasileiros guarda dinheiro.[87] Para além de uma questão óbvia de renda – muitas famílias não conseguem o mínimo para a subsistência – temos um grande montante de pessoas que poderia poupar e investir,

---

[85] EBATES Survey: adults (96%) and teens (95%) agree: retail therapy is good for the soul. **Business Wire**, 15 mar. 2016. Disponível em: https://www.businesswire.com/news/home/20160315005531/en/Ebates-Survey-Adults-96-Teens-95-Agree%E2%80%94Retail. Acesso em: 9 dez. 2022.

[86] BECK, K. O que leva às compras por impulso – e como educar a mente para fugir delas. **BBC**, 8 ago. 2017. Disponível em: https://www.bbc.com/portuguese/vert-cap-40723595. Acesso em: 20 ago. 2022.

[87] ANBIMA – Associação Brasileira das Entidades dos Mercados Financeiro e de Capitais. **5º Raio X do Investidor Brasileiro**. 5ª ed., 2022. Disponível em: https://www.anbima.com.br/pt_br/especial/raio-x-do-investidor-2022.htm. Acesso em: 21 ago. 2022.

mas não o faz. Por que esse número é tão baixo? Como vimos até agora, a dificuldade em guardar dinheiro tem uma explicação científica. Mas não é só isso. Além da falta de autocontrole, da procrastinação e da impulsividade, há a busca por imediatismo e preguiça em começar. Essas são algumas pedras que aparecem no meio da sua trilha rumo a uma vida financeira saudável.

Mas há também outro importante motivo que dificulta a tomada de decisão sobre começar a poupar dinheiro. O próprio ato de poupar vai na contramão de uma grande regra da sociedade atual: o consumo como satisfação pessoal; como ferramenta de poder, status e pertencimento a um grupo. **Poupar não passa nenhuma mensagem para o círculo social.** Além disso, poupar e investir bem dá trabalho. Poupar requer mudança de comportamento e disciplina, e nem todo mundo está a fim disso.

EU QUERO TER MAIS AUTOCONTROLE!

Precisamos perder peso, mas gostamos de comer! Queremos investir e construir um bom patrimônio, mas gostamos de comprar! Então, como lidar com essa ambivalência? Como podemos desenvolver mais autocontrole?

Não existem fórmulas prontas, mas trabalho com cinco premissas que têm funcionado para a mudança de hábito.

1. ATITUDE

Ver a nós mesmos como livres e responsáveis por nossas ações é a base da autodisciplina. As evidências mostram que as pessoas agem melhor e são mais capazes de lidar com o estresse quando sentem que estão no controle. Do contrário, se você acreditar que as coisas estão além do seu controle, elas provavelmente estarão.

2. ACOMPANHAMENTO

Acompanhamento é um tipo de feedback. A cada dia ou semana, avalie se você está mais perto ou mais distante do que planejou. Monitorar o progresso em direção ao alcance da meta **é muito eficaz para que você se concentre em atividades relevantes para a meta.**

3. MOTIVAÇÃO

Quanto mais você quer algo, mais se compromete com a meta. Mais disposto você fica para fazer os esforços e os sacrifícios necessários para alcançá-la. A autopercepção da própria evolução é um componente importante. Mas preste atenção: **você consegue se comprometer se o objetivo for possível de ser alcançado e se você realmente quiser alcançá-lo**.

A força de vontade é uma energia psicológica poderosíssima, e você a usa para resistir a outras tentações visando sua meta. Por outro lado, é difícil criar motivação para a mudança se você acreditar que é impossível.

4. CONFIANÇA

Já vi muita gente sair do endividamento e começar a poupar, investindo um pouco todo mês. O que elas tinham? Confiança no sucesso. Mesmo diante de dificuldades, quando se tem confiança, firmeza e crenças fortes, ficamos mais propensos a continuar nossos esforços para dominar uma tarefa. Do contrário, uma pessoa com pouca autoconfiança tende a duvidar de sua capacidade diante do primeiro obstáculo.

5. ZERO AUTOSSABOTAGEM

Você deve desenvolver mecanismos para evitar as armadilhas que podem levar ao descontrole. Como? Se está de dieta e não quer cair em tentação, não faz sentido comprar guloseimas ou ir a uma hamburgueria, certo? Evitar a tentação é não se colocar em situações em que você estará cara a cara com aquilo de que anda fugindo. Se quer reduzir as compras por impulso, por exemplo, melhor recusar aquele convite para almoçar no shopping. Vai que em algum corredor até a praça de alimentação você se depara com uma promoção imperdível? Melhor não arriscar. Tome medidas proativas para garantir que não vai sucumbir a um impulso indesejado. No caso desse exemplo, que tal convidar a turma do escritório para um restaurante de rua?

Quem consegue evitar essas armadilhas é mais feliz. É o que descobriu uma pesquisa conduzida pela Universidade de Chicago, nos Estados Unidos.[88] Os indivíduos que apresentaram mais autocontrole nos testes foram aqueles que

---

[88] TER autocontrole torna uma pessoa mais feliz, diz estudo. **Veja**, 25 jun. 2013. Disponível em: https://veja.abril.com.br/saude/ter-autocontrole-torna-uma-pessoa-mais-feliz-diz-estudo/. Acesso em: 22 ago. 2022.

conseguiram evitar situações tentadoras, que podiam ser conflitantes e, portanto, provocar emoções negativas. Logo, o autocontrole está mais ligado ao fato de se expor menos a situações tentadoras do que propriamente a uma capacidade maior de resistir a tentações. Os pesquisadores encontraram, também, forte relação entre esses indivíduos e uma maior satisfação com a própria vida.

ATIVIDADE 5

Declare seu compromisso aqui!

A palavra "compromisso" vem do latim *compromissum* que significa mútuo, eu e você, *com* + "promessa" (*promissium*). No contexto deste livro, o compromisso que você assume é consigo mesmo, um compromisso com seu futuro e com sua liberdade financeira. Você vai colocar sua força a serviço desse sonho, desse projeto. A seguir, oficialize o compromisso que você está assumindo o com seu futuro financeiro. Quanto mais detalhista e preciso você for, melhor:

O quê? _____
_____
_____
_____

Quando? _____
_____
_____
_____

Quanto? _____
_____
_____
_____

Como? _____
_____
_____
_____

Por quê? _____
_____
_____
_____

ATIVIDADE 6
Teste do perfil investidor

O teste do perfil investidor é complementar ao seu avatar financeiro. Responda às cinco perguntas, faça a soma de pontos e identifique se seu perfil está mais para conservador, moderado ou arrojado.

TESTE DO PERFIL INVESTIDOR

Pergunta	Alternativa	Soma
1. O que você mais considera na hora de investir?	Segurança do investimento	1
	Diversificação nas opções	2
	Quanto dinheiro ele trará de retorno	3
2. Qual sua expectativa de retorno dos investimentos?	Curto prazo	1
	Médio prazo	2
	Longo prazo	3
3. Qual seu conhecimento do mercado financeiro?	Nenhum	1
	Pouco	2
	Muito	3
4. Se fosse investir hoje, qual das opções abaixo você escolheria?	Poupança	1
	Renda fixa e Tesouro Direto	2
	Ações	3
5. Suponha que seus investimentos perderam 10% do valor aplicado por conta de oscilações do mercado. O que você faria?	Não sei	1
	Venderia tudo	2
	Deixaria como está	3
	Investiria ainda mais	4

TOTAL

RESULTADOS

5	6	7	8	9	10	11	12	13	14	15	16
CONSERVADOR				MODERADO				ARROJADO			

3ª ETAPA: AUTOCONTROLE FINANCEIRO É TUDO

DESCRIÇÃO DOS PERFIS

5-8	**CONSERVADOR**	**SEGURANÇA EM PRIMEIRO LUGAR.** Alguém com o perfil de investidor conservador prioriza a segurança. Seu objetivo é manter o dinheiro protegido ao longo do tempo e evitar oscilações e perdas. Podem se encaixar neste perfil tanto investidore iniciantes, que estão começando a construir seu patrimônio, como os mais experientes, que desejam proteger o patrimônio já formado.
9-12	**MODERADO**	**SEGURANÇA, MAS COM UM POUCO DE EMOÇÃO.** É um meio termo. Você mantém bastante interesse pela segurança, mas está disposto a abrir mão em parte para, algumas vezes, ter retornos melhores. Em muitos casos, alguém com este perfil já tem um pouco mais de conhecimento sobre o mercado e está no processo para fazer o patrimônio crescer.
13-16	**ARROJADO**	**ACEITO O RISCO E VOU EM FRENTE.** Você está mais aberto(a) para investir na Bolsa de Valores, por exemplo, e está mais maduro(a) para entender a dinâmica do mercado. Alguém arrojado(a) costuma ser mais experiente e não se abala facilmente por eventuais perdas, pois entende que certa exposição ao risco pode ser compensada com maiores ganhos no final. Essas perdas não significam que quem se enquadra neste perfil investe sem muita estratégia. Pelo contrário, essa pessoa precisa entender bem do mercado e ter visão estratégica para aproveitar as pequenas oscilações do dia a dia e obter lucros. Mesmo para alguém de perfil mais arrojado, é essencial ter cautela e, principalmente, diversificar os investimentos.

E aí, você tem perfil conservador, moderado ou arrojado? Independentemente do resultado, saiba que seu perfil pode mudar com o passar dos anos. Alguém com perfil conservador pode se tornar moderado ou arrojado, e vice-versa. Por isso é importante você refazer esse teste daqui a alguns anos e entender o que mudou.

Temos uma grande dificuldade em perceber o valor dos comportamentos que não trazem retorno imediato.

@papaifinanceiro

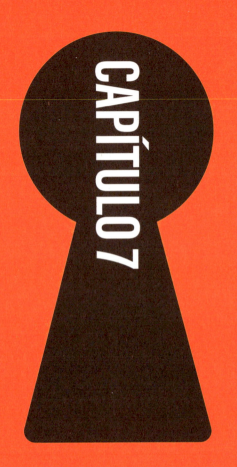

CAPÍTULO 7

SEM CONTRAINDICAÇÕES, A HORA É AGORA!

VOCÊ TEM TEMPO PARA MUDAR?

Hoje vivemos uma explosão de distrações, de diversões, em uma vida cada vez mais veloz. Precisamos lidar com burocracia, insegurança, ansiedade e estresse, e tudo isso parece não caber nas 24 horas do dia, ou 168 horas da semana. Mas quem tem tempo? Quantas vezes você deixou de fazer algo em sua vida alegando falta de tempo? Percebe como essa é, salvo raras exceções, mais uma muleta que usamos para justificar alguma falha? Quando parei de culpar a falta de tempo e comecei a agir, minha vida mudou.

Até aqui, falamos sobre autoconhecimento, a base para saber aonde queremos chegar. Depois sobre autorresponsabilidade, quando entendemos nossa responsabilidade sobre cada escolha. E, por fim, sobre autocontrole, indispensável para executar o plano. Agora finalmente chegou a hora de nos debruçarmos sobre o seu **plano de mudança**.

Muitas pessoas chegam até a etapa da construção do plano e paralisam. "Vou mudar!", acreditam, mas na hora de executar os primeiros passos do plano, surgem os problemas e não conseguem seguir. Você se lembra do estado "quente"? Não deixe esse estado controlar você, porque é muito triste ver uma pessoa desistir dos seus planos.

A paralisação pode acontecer por vários motivos, que podem funcionar como armadilhas: a dificuldade em abandonar velhos hábitos, alimentar uma expectativa muito grande, superestimar sua capacidade e seu potencial transformador ou traçar um plano desalinhado à sua realidade.

O QUE PODERIA TER SIDO DIFERENTE?

Há muito tempo ministro vários cursos de educação financeira para pessoas de diversas realidades, idades, diferentes níveis sociais e perfis. Percebo nas aulas o enorme interesse e curiosidade dos alunos em entender esse assunto. É animador e libertador! Quando a pessoa começa a enxergar a sua relação com o dinheiro sob uma nova perspectiva, é como se um novo mundo se tornasse possível. É quando cai a ficha e ela finalmente entende sobre o que se trata.

Essa ficha caiu comigo há muito tempo. Mas não pense que é fácil me manter o tempo inteiro coerente com os meus planos. Preciso me lembrar todos os dias de quais são meus objetivos, do contrário acabo perdendo meu tempo.

Vejo as pessoas saírem dos encontros cheios de energia e planos. Mas de nada adianta saber o que precisa ser feito se não conseguir colocar em prática. Recebo mensagens de ex-alunos falando da dificuldade em aplicar e, por entender que é um tema delicado, quis dedicar um capítulo inteiro ao assunto.

A seguir, compartilho uma mensagem que recebi de uma aluna que participou, junto com o marido, de um dos meus cursos de educação financeira para casais. Achei a mensagem ilustrativa para essa parte final da leitura, em que nos organizamos para colocar os aprendizados em prática. Perceba como a aluna demonstra clareza sobre suas questões e o que precisa ser feito:

Olá, Thiago!
Entre os vários pontos analisados durante o curso, elegi os que acho que mais terão impacto positivo na nossa vida financeira.

O que vou fazer hoje e nos próximos meses para mudar a nossa vida:
- Ter foco;
- Estudar mais sobre o assunto finanças;
- Continuar praticando o Plano das Caixas e das Torneiras, equilibrando ganhos e gastos;
- Focar as nossas metas de vida;

- Estabelecer uma renda extra;
- Melhorar meu relacionamento com o dinheiro, pois tenho dificuldade em ter e gastar dinheiro sabendo que pessoas tão próximas a mim precisam de ajuda;
- Terminar a faculdade, pois é um fator que pode gerar outra renda, visto que hoje somente meu marido trabalha.

O que acho que consigo fazer:
- Equilibrar os gastos, pois para mim não é tão difícil perceber e entender o momento de gastar menos;
- Estabelecer uma renda extra visando nossas metas, principalmente agora que teremos um bebê;
- Melhorar meu relacionamento com o dinheiro, algo em que venho trabalhando desde que começamos o curso;
- Terminar a faculdade. Estou no final e, apesar de entrar em licença maternidade no próximo semestre, tenho muita vontade de terminar logo o curso.

O que acho que não consigo fazer:
- Tenho uma enorme tendência a desistir fácil das coisas quando elas começam a dar errado ou quando eu vejo que não está dando frutos. Então, ter foco, para mim, é uma coisa muito difícil.

Achei honesta e real a maneira como ela organizou seus objetivos e desafios. Sempre peço que a pessoa reflita sobre o que acredita que de fato conseguirá implementar e o que gostaria de fazer, mas no fundo acha que não dará conta. Todos nós queremos fazer muitas coisas, mas, se soubermos priorizar e ser um pouco mais realistas sobre a nossa capacidade de execução, eliminaremos uma boa possibilidade de frustração.

E você, consegue priorizar os seus sonhos?

Vamos conhecer agora a história de outro casal que, com cumplicidade e dedicação, conseguiu executar seu planejamento financeiro e dar a volta por cima.

CASO 5
A ARMADILHA DO PADRÃO DE VIDA

NOME	Sara e Paulo
PROFISSÃO	Médica neurologista (Sara) e médico radiologista (Paulo)
IDADE	37 anos (Sara) e 38 anos (Paulo)
RENDA MENSAL FAMILIAR	R$ 55.000
CARACTERÍSTICA TÓXICA PRINCIPAL	Apego a status
BASE PARA O DESEQUILÍBRIO	Expectativa da família

Sara e Paulo se conheceram no início do Ensino Médio. Estudavam na mesma sala e tinham em comum o amor pelo esporte e a vontade de estudar Medicina. Competiam na mesma equipe de natação, treinavam e estudavam juntos, viviam grudados, e logo a amizade virou algo mais. Namoraram durante a escola e se casaram assim que entraram na faculdade de Medicina. A vida de estudante era bastante espartana, muito estudo e pouco dinheiro. Quando se formaram e começaram na residência médica, os plantões foram a principal fonte de renda por alguns anos. Viviam bem, com uma renda alta, e aproveitavam a vida. Sobrava dinheiro que, no máximo, era colocado na poupança.

Logo antes da pandemia, o consultório rendia à Sara cerca de 20 mil reais. Paulo, que havia ampliado seu escopo de atuação e também trabalhava com uma empresa de diagnósticos, recebia aproximadamente 60 mil reais como renda mensal. Era um casal jovem com uma renda líquida de mais de 80 mil reais. É difícil imaginar que eles pudessem ter algum problema financeiro, não é?

Em meados de 2019, Sara engravidou, e o primeiro filho do casal nasceu em março de 2020, poucos dias antes de ser estabelecido o lockdown no Brasil em decorrência da pandemia de covid-19. Sara estava sem trabalhar (e sem renda) desde janeiro, e o casal já estava tentando se adaptar a uma renda menor.

É importante lembrar que, durante o período de isolamento, os profissionais de saúde, de modo geral, se dividiram em dois grupos: (1) os que estavam na linha de frente e trabalhavam em hospitais e, portanto, tiveram que trabalhar ainda mais por causa da emergência sanitária;

e (2) os profissionais que trabalhavam em consultórios ou em atividades não emergenciais e que tiveram que ficar em casa sem trabalhar. Paulo tinha praticamente toda a sua atividade profissional ligada a um laboratório de imagens, setor que teve sua atuação reduzida durante os primeiros meses de isolamento. Como resultado, em apenas alguns meses, o casal viu a sua renda cair de 80 para menos de 12 mil reais por mês.

É claro que 12 mil reais são mais do que suficientes para uma família viver. No Brasil, 90% da população ganha menos de 3,5 mil reais e a renda mensal média de quem está entre os 5% mais ricos é de 10.313 reais.[89] Ou seja, mesmo com a queda abrupta na renda, Sara e Paulo ainda estavam em uma condição muito melhor do que a imensa maioria do país. Ainda assim, o casal, que agora era uma família com um filho pequeno, passou por dificuldades financeiras. Essa história é um bom exemplo de que nossa vida financeira muitas vezes é escrava de um padrão de vida.

Eles haviam se comprometido com um financiamento imobiliário de longo prazo, cuja parcela mensal era de mais de 11 mil reais. Juntando o condomínio e todas as contas fixas do casal, a renda naquele momento não chegava nem perto de pagar o básico. No desespero, Paulo pegou um grande empréstimo no banco, com a esperança de que quando o período de isolamento terminasse ele pudesse retomar a alta renda de antes. Aos poucos, com o abrandamento das regras sanitárias, a vida foi retomando seu curso, e Paulo conseguiu retornar ao trabalho no mesmo ritmo, assim como Sara. Mas e esse empréstimo? Como sanar essa dívida, sendo que agora o casal tinha ainda mais gastos por causa do bebê?

Foi preciso parar e traçar um plano. Os dois começaram a buscar conhecimento financeiro, coisa que até aquele momento nunca haviam feito, e chegaram até mim, pela internet. Depois de algumas sessões de mentoria, saíram da experiência com outra visão sobre a relação com o

---

[89] IBGE – Instituto Brasileiro de Geografia e Estatística. **Pesquisa Nacional por Amostra de Domicílios Contínua – PNAD Contínua: Rendimento de todas as fontes**, 2019. Disponível em: https://biblioteca.ibge.gov.br/visualizacao/livros/liv101709_informativo.pdf. Acesso em: 23 ago. 2022.

dinheiro. Por que se apegavam tanto ao status que o dinheiro proporcionava? Foi preciso um mergulho profundo para entender as raízes dessa dependência, coisa que só o autoconhecimento foi capaz de elucidar. Perceberam o modo irresponsável como usavam o dinheiro em gastos supérfluos e como maneira de tampar vazios emocionais. Enxergaram, ainda, outro comportamento que os atrapalhava nessa gestão financeira: a desorganização. Não bastava estar atento às emoções que influenciavam a relação de Sara e Paulo com o dinheiro; era essencial mudar o modo como usavam o dinheiro no dia a dia. Não dava mais para adiar. Precisavam colocar o plano em ação.

Eles levantaram os boletos, fizeram uma planilha e construíram esperanças. O planejamento financeiro começou a partir dali.

Com o sentimento de parceria e uma enorme vontade de virar o jogo, os dois riscaram tudo o que podia ser excluído dos gastos, cancelaram serviços não essenciais, fizeram cálculos e, o mais importante, definiram combinados possíveis de serem cumpridos. Comprometeram-se a adotar novos comportamentos em relação ao dinheiro, colocando em prática tudo o que haviam aprendido nos últimos meses em que se dedicaram à sua educação financeira. Durante esse tempo, exercitaram o autoconhecimento, a autorresponsabilidade e o autocontrole. Ao se tornarem capazes de identificar suas crenças limitantes, conseguiram amadurecer suas emoções financeiras para agirem corretamente. Focaram na organização, estipulando datas e prazos e separando boletos e compromissos financeiros por ordem e cor, para facilitar o entendimento e a consulta.

No caminho dos dois certamente haverá empecilhos, tropeços e curvas. E no seu provavelmente também, assim como no de qualquer um. Esse não é o problema. O problema é deixar que um percalço faça você desviar do rumo. "O importante não é o que acontece, mas como você reage ao que acontece", disse o filósofo grego Epíteto. Lembre-se dessa frase quando algo distanciar você da sua rota de liberdade financeira. Volte, assim como Sara e Paulo, a sentar-se à mesma mesa, à luz do lustre, e reprograme seu plano, ajuste metas quantas vezes for necessário até atingir seu objetivo, renovando a motivação para seguir em frente.

VAMOS COLOCAR A MÃO NA MASSA?

Preparei este capítulo especialmente para ser um estímulo, uma injeção de ânimo! É a sua vez de traçar seu plano e fazer combinados consigo mesmo. A ideia é que você implemente as ações definidas pelos próximos três meses. Lembre-se: seu plano deve ser realista, então divida-o em partes menores para aumentar suas chances de cumprir as metas. Confira as atividades a seguir, elas vão acompanhar você em sua jornada de execução do plano. Como sempre digo, é mais fácil do que você pensa!

ATIVIDADE 7
Os sete passos da faxina financeira

Faxina: uma palavra forte e cheia de significados, que nos remete a transformação, a progresso. Uma faxina no guarda-roupa e você se desfaz das roupas paradas, libertando-se de uma identidade que já não é mais a sua. Uma faxina na caixa de e-mails resolve assuntos pendentes. Fazer faxina é libertador, é renovar as energias.

A seguir, vou mostrar a rota da faxina financeira para você começar a semana com a casa limpa. Para isso, será preciso agir, mas também desenvolver comportamentos que vão levar você ao sucesso financeiro no longo prazo.

PASSO 1. Despesas fixas: a porta que precisa de conserto

Primeiro, concentre-se em suas despesas fixas, aqueles arranjos que, quando arrumados, trazem resultados bastante efetivos. É como aquela porta que está com defeito e fica fazendo barulho toda vez que você abre. Conserte logo e tenha paz.

Então, avalie as suas contas. Você pode realmente pagar pelo lugar em que vive hoje? É hora de começar a procurar um lugar mais barato? Você precisa mudar para uma operadora de celular de custo mais baixo? Precisa trocar o seu carro por um mais econômico?

Quero que você pense sobre essas grandes despesas fixas e faça as mudanças necessárias. Use o espaço pautado para fazer anotações.

_____
_____
_____
_____

_____
_____

PASSO 2. Despesas variáveis: a torneira aberta do seu orçamento

As despesas variáveis são como uma torneira com defeito, que não para de pingar gotas que parecem inofensivas. Mas, quando você soma tudo, são litros e mais litros de água (dinheiro, no caso) sendo jogados fora.

Liste todas as despesas que você teve no último mês. Entenda se são padrões que você repete e estabeleça prioridades. Você identifica algum desperdício no seu orçamento? Alguma coisa que comprou por impulso e não usa? Você se lembra do exercício das caixas e das torneiras, lá no Capítulo 5? Pois reveja o que está na torneira dos itens supérfluos e se comprometa em reduzir o que for desnecessário.

Pense sobre esses gastos desnecessários e anote aqui os que você vai reduzir ou cortar:

REDUZIR	CORTAR

PASSO 3. Corte seus cartões de crédito e tire o mofo do armário

Você não precisa de mais de um cartão, certo? E nem pensar em pagar anuidade de cartão de crédito! Escolha o cartão que dá mais vantagens e que não cobra por isso. Renegocie as condições e as taxas. Pegue o telefone, ligue para a administradora do cartão e faça com que ela trabalhe para você. Anote aqui o que vai fazer quanto a este assunto.

_____
_____
_____
_____

Nossa vida financeira muitas vezes é escrava de um padrão de vida.

@papaifinanceiro

PASSO 4. **Crie uma meta de economia única e regue suas plantas financeiras**
Estabeleça um valor redondo e mantenha-o no seu radar: essa é a quantia que você vai poupar assim que receber o seu salário, a sua renda. Imagine que o seu dinheiro será uma árvore poderosa, mas por enquanto você só está plantando a semente. Os aportes financeiros que fará mensalmente são a água e a luz que essa árvore precisa para crescer no seu quintal. Cuide dela todos os dias, todos os meses. Em alguns anos, você já vai começar a se beneficiar da sombra que ela vai dar.

Anote o valor estabelecido: R$ _____

PASSO 5. **Use o seu dinheiro para poupar tempo e curtir a casa limpa**
Economizar e poupar não é tudo. Saber usar o dinheiro também é um investimento. Quero que você gaste em coisas que aumentem sua felicidade. Adquira experiências, passe tempo com outras pessoas e use o seu dinheiro nas coisas que ajudam a economizar seu tempo. Anote quais são os gastos que valem a pena.

PASSO 6. **Cultive autorresponsabilidade e autocontrole e não reclame de ter que fazer faxina**
Saber o que você quer e ter mais autonomia sobre o seu dinheiro vai contribuir para sua autorresponsabilidade em relação às suas escolhas e à sua felicidade. Esse é o único caminho possível para que você aproveite a vida da maneira que merece.

Desenvolva autocontrole. Essa habilidade é dinâmica, depende do ambiente, da situação específica, do momento do dia, do estado de espírito da pessoa, entre outras variáveis. A nossa capacidade de estabelecer autocontrole também pode ser definida como força de vontade. É essa força que nos permite focar em objetivos, apesar de tantas outras distrações que aparecem na nossa frente. O autocontrole é responsável pelo nosso sucesso em praticamente todas as áreas da vida, desde os relacionamentos pessoais até o sucesso profissional e acadêmico.

Com base nos capítulos dedicados à Montanha dos Três Autos – autoconhecimento, autorresponsabilidade e autocontrole – anote as principais lições que você vai levar desta leitura.

_____
_____
_____
_____
_____
_____

PASSO 7. Reserve um tempo para as suas finanças

Tire um dia para organizar todas as suas questões financeiras. Você merece ter um tempo específico, meio período em um dia por mês em uma semana comum, para colocar a sua vida financeira em ordem. Organizar as contas, cortar os cartões de crédito, ligar para credores e renegociar taxas e dívidas leva o tempo que não é o de um fim de semana, certo? Marque um dia do calendário para se dedicar à reorganização financeira. Comprometa-se com esse dia e faça dele o mais produtivo possível!

Anote aqui o dia da sua faxina financeira mensal: _____

A ÁRVORE DOS INVESTIMENTOS

A **Árvore dos Investimentos** é uma analogia muito didática que serve para ilustrar o mundo dos investimentos, desde os mais conservadores até a bolsa de valores.

Você está preparado.

Agora que você (1) já conhece o seu avatar financeiro e o seu perfil investidor e (2) organizou seu orçamento com o Plano das Caixas e das Torneiras, vou falar um pouco sobre o mundo dos investimentos. Não se preocupe se ainda não souber investir. A ideia é que você tenha uma noção de como funcionam os principais tipos de investimentos.

Gosto dessa associação porque a árvore precisa formar raízes sólidas antes de crescer. Você sabia que as raízes de uma árvore podem ser tão longas em profundidade quanto o seu tronco em altura? A Árvore dos Investimentos é perene, sólida, tem uma boa base estável. Tem força para aguentar eventuais problemas ("nevascas financeiras") e, ao mesmo tempo, se beneficiar quando o "clima estiver mais quente". Essa árvore precisa formar raízes firmes, depois um tronco forte e folhas bem estruturadas.

Entender sobre investimentos é muito mais simples do que você pensa. Apesar de toda a sopa de letrinhas que você vai encontrar quando começar a estudar, não há nada de complexo na lógica principal de funcionamento.

Quando falamos de investimentos, temos basicamente dois mundos: o mundo chamado renda fixa e o mundo chamado renda variável. Na árvore, a renda fixa é representada pelo tronco, que é mais estável. A renda variável está nos galhos e nas folhas, que podem oscilar com o vento, a temperatura e outras intempéries. Já na base de tudo – nas raízes – você posiciona, também usando investimentos de renda fixa, a sua caixa de emergência. Dependendo do seu avatar investidor, suas caixas dos sonhos e do futuro estarão localizadas entre tronco (renda fixa) e galhos (renda variável).

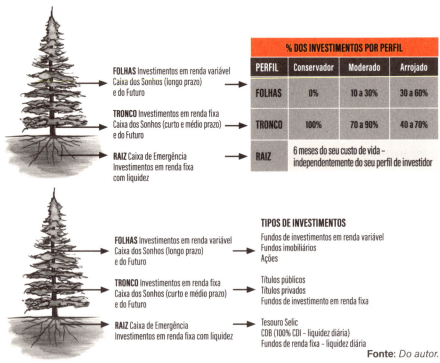

Fonte: *Do autor.*

O QUE VOCÊ PRECISA SABER ANTES DE FALARMOS DE INVESTIMENTOS

IPCA

O Índice de Preços ao Consumidor Amplo (IPCA) é o principal índice que mede a inflação. Na prática, ele indica o quanto o seu dinheiro se desvalorizou, em um mês, um ano, ou em um período maior. Você sabe, mas é bom relembrar: o dinheiro perde valor no tempo. Cem reais em 2020 não tem o mesmo poder de compra hoje.

Há uns vinte anos, um carro popular zero quilômetro custava cerca de 20 mil reais; hoje o mesmo carro não custa menos de 100 mil.

TAXA SELIC

Você se lembra da importância dos juros compostos, que vimos no Capítulo 3?

Existe uma taxa básica de juros, que é uma ferramenta econômica que todos os países utilizam para definir a sua política monetária. No Brasil, essa taxa básica se chama Selic, e costuma direcionar as taxas de juros usados nas operações financeiras, como empréstimos e investimentos, impactando completamente o trabalho dos bancos.

Essa também é uma maneira de o governo controlar a política monetária como um todo, pois, pela variação da taxa, pode incentivar o consumo ou desaquecer o mercado. No Brasil, o Comitê de Política Monetária (Copom), que faz parte do Banco Central, tem entre suas atribuições a fixação da taxa Selic. A cada 45 dias, os membros do Copom se reúnem para decidir se mantêm ou modificam a meta da taxa de juros básica da economia brasileira. Ela vai interferir diretamente em todo o mercado de investimentos, assim como no valor da moeda nacional e no preço das mercadorias, dos produtos e até mesmo de serviços que são disponibilizados em nosso país.

Acompanhar o movimento dessa taxa é fundamental para determinar as melhores opções de investimentos da renda fixa. A Selic influencia tanto os títulos ligados a ela, quanto outros indicadores, como a inflação, com a qual tem uma relação muito próxima. Tanto é assim que funciona como um mecanismo de controle da inflação.

Imagine que a inflação está subindo. Se ela começar a subir mais do que o esperado, ficando descontrolada, o Copom então busca aumentar a taxa de juros. Uma taxa de juros mais alta dificulta a obtenção de crédito, faz o consumo diminuir e, como consequência de oferta e demanda, os preços também acabam diminuindo, fazendo a inflação diminuir também. Quando a inflação está mais tranquila e controlada, fica mais barato e fácil conseguir crédito e as empresas acabam investindo mais.

A taxa Selic influencia alguns investimentos de maneira direta e outros, de maneira indireta. Os títulos de renda fixa são diretamente impactados pela Selic, como, por exemplo, o Tesouro Selic (que tem 100% de sua rentabilidade ligada à Selic), a caderneta de poupança, os títulos privados que são pós-fixados, como CDB, LCI, LCA, Letras de Câmbio, entre outros.

Bom, se essa sopa de letrinhas assustou você, não se preocupe. Vou explicar de uma maneira simples e direta.

LIQUIDEZ

A liquidez é, basicamente, a velocidade com a qual se pode converter um investimento em dinheiro no bolso. Um investimento com maior liquidez permite que você tenha o dinheiro quando desejar – ou precisar. Alguns investimentos não permitem que você resgate antecipadamente e, em outros, você pagará taxas e penalidades por isso.

FUNDO GARANTIDOR DE CRÉDITO (FGC)

Imagine que você comprou uma casa e fez um seguro contra incêndio. Se, por acaso, essa casa pegar fogo, o que acontece? A seguradora vai lhe reembolsar um valor, dependendo das condições do seu seguro, correto?

O FGC é bem parecido com um seguro, só que ele protege alguns tipos de investimentos feitos em instituições financeiras. Na prática, o FGC é um fundo formado com os recursos depositados periodicamente pelas instituições financeiras associadas e, da mesma maneira que o segurado paga um prêmio para receber a cobertura de um seguro; no caso do FGC, os bancos realizam esses depósitos para formar uma espécie de colchão de segurança que pagará os investidores no caso de quebra de uma instituição financeira.

O valor máximo que o FGC cobre é de 250 mil reais por CPF ou CNPJ em cada instituição financeira. Por exemplo, se você tiver 150 mil reais na conta corrente e 100 mil reais em CDBs, e o banco entrar em intervenção, o valor coberto será de 250 mil reais, pois este é o limite total por instituição, e não por produto financeiro.

O FGC protege apenas alguns tipos de investimentos, como poupança, Certificado de Depósito Bancário (CDB), Recibos de Depósitos Bancários (RDB), Letra de Crédito Imobiliário (LCI) e Letra de Crédito do Agronegócio (LCA), Letras de Câmbio (LC) e Letras Hipotecárias (LH). Os títulos públicos, como os do Tesouro Direto, não contam com a cobertura do FGC, mas têm a garantia do Tesouro soberano, considerado o investimento mais seguro de todos.

MAS, AFINAL, O QUE SÃO OS INVESTIMENTOS?

Como mencionei há pouco, quando falamos de investimentos, temos basicamente dois mundos, a renda fixa e a renda variável. Quando você investe na renda fixa, é como se estivesse emprestando o seu dinheiro e recebendo juros por esse empréstimo. Na renda variável, é como se você estivesse se tornando sócio de empresas, e crescendo (ou decrescendo) conforme a performance delas.

Nos investimentos de renda fixa, há uma previsibilidade de quanto você vai ganhar. Os juros que você receberá pelo investimento podem ser pré-fixados, ou seja, estabelecidos no momento que você investe, ou pós-fixados, que normalmente acompanham um indicador econômico. Por exemplo, um título público, muito comum no mercado e chamado de Tesouro Selic, é um título com taxa pós-fixada, pois acompanha o rendimento da Selic, que você acabou de aprender o que é.

PRINCIPAIS TIPOS DE INVESTIMENTOS

Nas figuras a seguir, você encontrará os principais tipos e grupos de investimentos disponíveis no mercado financeiro. A definição de cada um deles está nas próximas páginas.

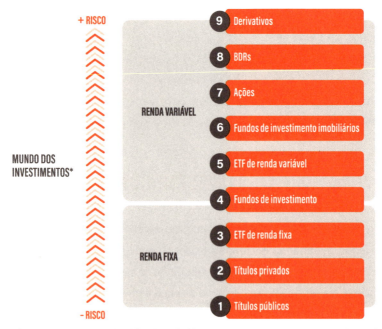

*Essa é uma demonstração simplificada e didática para a compreensão do investidor iniciante.

Este livro não tem o objetivo de aprofundar sobre investimentos em geral; essa será uma próxima etapa na sua jornada como investidor.

O que é importante nesta fase é que que você tenha uma noção sobre os principais investimentos de renda fixa, que são os mais seguros e indicados para iniciantes (na figura, estão representados pelos números 1 e 2: títulos públicos e privados). Esses dois tipos de investimentos de renda fixa são fundamentais para que você comece a formar a sua estratégia da Árvore dos Investimentos. Por isso, veremos um pouco mais sobre eles.

1. TÍTULOS PÚBLICOS

Quando você aplica o seu dinheiro em títulos públicos, está emprestando para o governo, para que ele possa investir em infraestrutura, educação e saneamento, por exemplo. Os títulos púbicos são considerados os investimentos mais seguros, porque são emitidos pela própria grande entidade – o Governo Federal –, que é quem imprime o dinheiro no país.

O Tesouro Direto é um dos investimentos mais populares do Brasil, e um dos motivos para que isso aconteça é que esses são os títulos mais seguros do mercado. O Tesouro Direto é um programa do Governo Federal que foi desenvolvido em 2002 por meio de uma parceria entre o Tesouro Nacional e a B3, a Bolsa de Valores de São Paulo, com o objetivo de facilitar o acesso das pessoas físicas a investimentos em títulos públicos, por meio da internet.

Antes desse programa, era bem mais difícil e menos rentável investir no Tesouro Direto; só era possível por meio de fundos de investimento em renda fixa, que é uma maneira indireta. É realmente muito fácil investir no Tesouro Direto, com cerca de apenas 30 reais já é possível começar.

Então, é um investimento rentável, acessível, seguro, fácil de resgatar e de aplicar. Você vai encontrar três tipos de investimentos disponíveis no Tesouro Direto: os títulos pré-fixados, os pós-fixados ou os híbridos, atrelados à inflação.

Pré-fixado

Um título pré-fixado, como o próprio nome já diz, tem a taxa fixa determinada antes, no momento da compra. Quando você aplica o recurso, já sabe exatamente quanto o título vai render, independentemente da variação das taxas de juros de mercado.

Pós-fixado (Tesouro Selic)

O famoso Tesouro Selic é um título público pós-fixado. Como título pós-fixado, sua rentabilidade está atrelada a uma taxa e, no caso do Tesouro Selic, é indexada à taxa básica de juros da economia brasileira, a taxa Selic.

Já vimos que a Selic é definida pelo Copom como mecanismo de controle da inflação. Como o Tesouro Selic acompanha a taxa, quando o Copom aumenta a taxa de juros, a remuneração do seu investimento sobe; quando ele reduz, a rentabilidade do investimento também cai.

Veja abaixo o histórico de evolução da taxa Selic de 2010 a 2022:

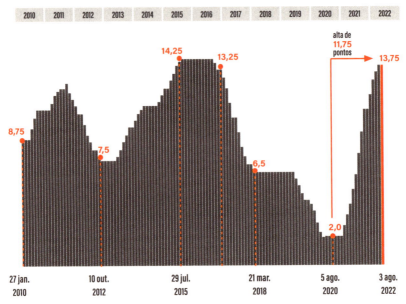

Fonte: Poder 360, 2022.[90]

> **Importante:** É a rentabilidade, ou seja, o percentual de valorização do seu dinheiro, que pode subir ou descer. Nesse investimento você não corre o risco de perder dinheiro.

Se você está começando, o Tesouro Selic é uma opção excelente, principalmente para a sua caixa de emergência.

Híbrido (Tesouro IPCA+)

Como você viu há pouco, o IPCA é considerado o indicador oficial da inflação no Brasil e mede a variação dos preços de 465 produtos e serviços comumente utilizados pelas famílias brasileiras.

---

[90] FERRARI, H. Taxa Selic sobe para 13,75%, a 12ª alta seguida. **Poder 360**, 3 ago. 2022. Disponível em: https://www.poder360.com.br/economia/taxa-selic-sobe-para-1375-a-12a-alta-seguida/. Acesso em: 23 ago. 2022.

O Tesouro IPCA+ é considerado híbrido pois a taxa de rentabilidade desse título é composta por uma parte pré-fixada, mais a variação do IPCA no período por exemplo, 3% + IPCA.

Quando investe no Tesouro IPCA+, você terá apenas uma previsão de quanto o seu dinheiro vai render quando esse título chegar na data de vencimento. Afinal, não há como prever com exatidão o comportamento da inflação no futuro.

O Tesouro IPCA+ é um investimento muito importante para prazos maiores, principalmente a partir de cinco anos, pois ele garante que o seu dinheiro não vai perder valor para a inflação ao longo do tempo.

Mas preste atenção no prazo de vencimento e não resgate antes da hora, pois você poderá perder uma parte do que investiu.

2. TÍTULOS PRIVADOS

Os títulos privados possuem exatamente a mesma lógica dos títulos públicos: quando você compra um título privado, também é como se estivesse emprestando dinheiro, mas neste caso para empresas ou instituições financeiras.

Os títulos privados podem ser emitidos tanto por bancos e instituições financeiras quanto por empresas, conforme o quadro a seguir:

O Certificado de Depósito Bancário (CDB) é um título emitido pelos bancos, sendo que os valores recebidos podem ser usados para financiar quaisquer atividades de crédito da instituição.

A Letra de Câmbio (LC) é um título que funciona como um empréstimo que o investidor faz a uma instituição financeira em troca de uma remuneração, que pode ser pré-fixada, pós-fixada ou híbrida.

A Letra de Crédito do Agronegócio (LCA) é um título emitido pelos bancos para financiar participantes do agronegócio. Você estará emprestando o seu dinheiro para financiar atividades ligadas ao agro no Brasil.

A Letra de Crédito Imobiliário (LCI) é muito semelhante à LCA, mas neste caso os recursos são destinados a financiamentos do setor imobiliário.

O Certificado de Recebíveis Imobiliários (CRI) é um título de crédito que é disponibilizado pelo mercado de investimentos. Funciona assim: as empresas do segmento de construção e de imóveis precisam de recursos financeiros para financiar suas operações. Mas, em vez de fazerem empréstimos em bancos e instituições financeiras, essas empresas recorrem a securitizadoras, que são instituições responsáveis por transformar essas contas a receber em títulos negociáveis no mercado financeiro, que são os certificados de recebíveis.

O Certificado de Recebíveis do Agronegócio (CRA) possui a mesma lógica dos CRI, mas nesse caso o objetivo é financiar empresas do setor agrícola.

> **Importante:** *Tanto os CRI quanto CRA são investimentos com prazos de vencimentos mais longos, de pelo menos quatro anos. Por isso, não é recomendado investir nesses ativos se você acredita que vai precisar do dinheiro antes.*

As debêntures são títulos de dívida de empresas privadas. Quem investe em uma debênture acaba se tornando um credor da companhia que emitiu o título. No fim das contas, você está financiando as operações dessa empresa em troca do pagamento de juros.

BOM, MAS E A POUPANÇA?

A poupança também é um investimento de renda fixa e se enquadra na categoria dos títulos privados, mas não é uma boa opção para o seu dinheiro. Apesar de ser o investimento mais antigo e mais popular entre os brasileiros, apresenta muitas fragilidades, como sua baixa rentabilidade. O Tesouro Selic, por exemplo, é um bom substituto da Poupança, pois possui segurança, liquidez, e ainda rende mais.

3. ETF DE RENDA FIXA

O ETF de renda fixa é um fundo negociado em bolsa que busca refletir as variações e a rentabilidade, antes de taxas e despesas, de índices de renda

Entender sobre investimentos é muito mais simples do que você pensa.

@papaifinanceiro

fixa cujas carteiras teóricas são compostas, majoritariamente, por títulos públicos ou privados.

4. FUNDOS DE INVESTIMENTO

Fundos de investimentos são formados pela união de vários investidores e geralmente são enquadrados dentro da categoria renda variável; entretanto, fundos referenciados DI fazem parte do grupo de renda fixa.

5. ETF DE RENDA VARIÁVEL

O ETF de ações, também conhecido como Exchange Traded Fund (ETF), é um fundo negociado em bolsa que busca retornos que correspondam, de modo geral, à performance, antes de taxas e despesas, de um índice de referência.

6. FUNDOS DE INVESTIMENTO IMOBILIÁRIO

Um fundo imobiliário é uma espécie de condomínio de investidores que reúnem seus recursos para que sejam aplicados em conjunto no mercado imobiliário.

7. AÇÕES

Representam uma fração do capital social de uma empresa de capital aberto listada na Bolsa de Valores; resumidamente, uma pequena parcela da companhia. Ao efetuar a compra de uma ação, o investidor passa a obter os direitos e os deveres da empresa e adquire o direito de receber parte dos dividendos gerados por aquela companhia.

8. BDR

Brazilian Depositary Receipts são certificados de depósitos de valores mobiliários emitidos no Brasil, que representam valores mobiliários de emissão de companhias abertas com sede no exterior.

9. DERIVATIVOS

São contratos mútuos em que as partes estabelecem um valor estimado para pagamento futuro de determinado ativo-objeto.

Os títulos públicos são considerados os investimentos mais seguros, porque são emitidos pela própria grande entidade – o Governo Federal –, que é quem imprime o dinheiro no país.

@papaifinanceiro

Agora que você já viu quais são os principais tipos de investimento e conheceu um pouco mais dos investimentos de renda fixa, vamos à última etapa da nossa jornada neste livro.

ATIVIDADE 8
Elaboração e execução do seu Plano de Virada de Chave

Parabéns! Você chegou à última etapa deste livro. Com tudo o que aprendeu até aqui, está preparado para elaborar o seu Plano de Virada de Chave. Não importa como foi a sua vida financeira até esse momento, nem se você vivia de maneira desorganizada e caótica com o seu dinheiro. Agora você está em um novo momento. O Plano de Virada de Chave que você vai preencher a seguir é um guia de como será a sua vida financeira a partir de hoje. Depois de concluir este plano, o seu modelo mental e a sua relação emocional com o dinheiro estarão transformados para sempre. É como andar de bicicleta: uma vez que se aprende, nunca mais esquece como fazer. É um novo estilo de vida que você vai adotar a partir de agora.

Com os conhecimentos adquiridos até aqui, você vai praticar a elaboração do seu plano, que define os seus objetivos financeiros de curto, médio e longo prazo. O plano também vai definir quais serão as suas ações em prol de cada objetivo. Para executá-lo com maestria, você deverá eliminar hábitos ruins e adicionar novos hábitos condizentes com os objetivos definidos no seu Plano.

Faz parte deste processo observar três fatores:

A. Consistência

Seu desafio será mantê-la durante toda a execução do plano. Para isso, vou oferecer dicas para incentivar a sua consistência, os chamados *nudges* comportamentais.

Antes de falar de desejo e necessidade, é importante dizer que existe o comportamento de manada, que nada mais é do que seguir o que as outras pessoas estão fazendo, mesmo que você não saiba exatamente o porquê de estar agindo dessa maneira. É basicamente tudo aquilo que você precisa para viver. Você sabia que o consumismo é um exemplo de comportamento de manada?

B. Necessidade

No Plano das Caixas e das Torneiras, você conheceu as torneiras das necessidades vitais e as das necessidades importantes. Esse foi um bom exercício para você refletir sobre o que de fato é essencial na sua vida, certo? Muitas vezes, atribuímos tanta importância a coisas que são completamente dispensáveis. Esse exercício de priorização precisa ser feito com frequência, para que você sempre possa encontrar novos espaços para cortar o que não está fazendo mais sentido no seu orçamento.

C. Desejo

O desejo é mais pessoal e relativo. Cada indivíduo cultiva seus próprios desejos, que variam de acordo com uma série de fatores. Você precisa saber identificar exatamente quais são os seus desejos. Por exemplo: você foi convencido por um comercial de carro importado e deseja comprá-lo. Seu desejo é ter aquele carro? Ou você quer o status que aquele carro vai proporcionar? Identificar o seu desejo vai organizar melhor as suas ideias e ajudar a priorizar o que realmente importa para você.

Com esses conceitos em mente, aliados aos conhecimentos adquiridos até aqui, preencha a tabela a seguir:

PLANO DE VIRADA DE CHAVE					
INFORMAÇÕES PESSOAIS					
Nome					
Idade					
Avatar	Águia	Gato	Cachorro	Ovelha	Urso	Coruja
Perfil investidor	Conservador		Moderado		Arrojado

CAIXAS E TORNEIRAS – Projeção					
Caixas	CAIXA T	R$ _____	CAIXA S	R$ _____
	CAIXA E	R$ _____	CAIXA F	R$ _____
Para que isso aconteça, preciso que os limites das minhas torneiras sejam:				
Torneiras	Grupo A	R$ _____	Grupo C	R$ _____
	Grupo B	R$ _____	Grupo D	R$ _____

META DE POUPAR				
Meu objetivo é poupar		%	da minha renda mensal (CAIXA T) = ao valor de R$ _____ por mês	
nos próximos		meses		
e atingir o montante total de	R$ _____	em _____ / _____ / _____		

HÁBITOS

Para isso, eu preciso eliminar estes hábitos:

1.
2.
3.
4.
5.

E criar os novos hábitos:

1.
2.
3.
4.
5.

Você sabia que o consumismo é um exemplo de comportamento de manada?

@papaifinanceiro

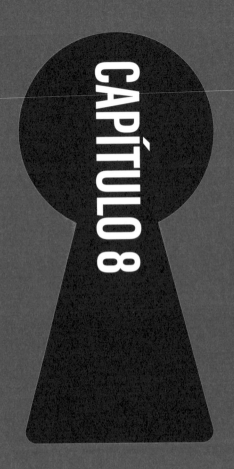

CAPÍTULO 8

UMA NOVA ERA: A LIBERDADE FINANCEIRA

Chegamos ao fim da nossa jornada. Quantas experiências e quantos conhecimentos acrescentamos ao nosso repertório de vida até aqui, não é?

Ao longo destas páginas, procurei dar a você subsídios para, além de destravar emoções, crenças limitantes e comportamentos financeiros aprendidos de maneira errada durante a vida inteira, ser capaz de reconhecer esses padrões e parar de se autossabotar. O caminho para a sua liberdade financeira passa por esse processo emocional.

Você se lembra de Sara e Paulo? E de Cláudia? E de Aline, Luciano, Daniel, Gabriela e Milton? Esses são os personagens dos casos reais que apresentei ao longo do livro. Situações corriqueiras, como as de vizinhos, amigos, colegas de trabalho, parentes e até nossas. Esse grupo representa os muitos brasileiros que querem mudar sua relação com o dinheiro. Será que agora podemos acrescentar o seu nome a essa lista? Tenho certeza de que sim.

No início do livro, falamos de tudo o que acarreta a desorganização financeira, que é causada pelas crenças limitantes que contaminam a nossa relação com o dinheiro e pela falta de autoconhecimento, autorresponsabilidade e autocontrole. Outro componente nesse contexto é a floresta de emoções financeiras formada por ansiedade, insônia, medo, angústia, desvalorização, baixa autoestima, culpa e frustração. Isso só para citar alguns ingredientes desse prato indigesto.

Então, chegou a hora de falar sobre o que uma vida financeira equilibrada é capaz de fazer por você. É o momento de enxergar – e comemorar – a nova vida que você vai desfrutar a partir dessa mudança de consciência.

COMEMORANDO O SEU BEM-ESTAR FINANCEIRO

O que é bem-estar financeiro? Não tem a ver exatamente com ganhar muito dinheiro; é se sentir seguro e capaz de cumprir com suas obrigações financeiras; é estar confiante a respeito do futuro e preparado(a) para fazer boas escolhas e aproveitar a vida. O bem-estar financeiro provoca aquela sensação de tranquilidade ao pensar em dinheiro.

Por que digo que esse bem-estar não tem nada a ver com ganhar muito? Porque ganhar dinheiro não é sinônimo de organização, planejamento das finanças e autoconhecimento financeiro. Uma pessoa pode ganhar bem, mas estar presa a armadilhas. Gastar muito para preencher vazios emocionais ou ostentar para pertencer a algum grupo são exemplos de atitudes que só fazem com que a pessoa sinta constante ansiedade e preocupação com o amanhã. Ou seja, uma pessoa pode ter uma boa renda e mesmo assim não ter nenhum bem-estar financeiro.

O que o bem-estar envolve:

- **Tranquilidade:** conseguir organizar as contas, poupar para o futuro e alcançar os objetivos são ações possíveis com planejamento;
- **Controle financeiro:** se você mantém suas finanças em ordem, sabe que terá recursos para arcar com suas obrigações e chegar ao fim do mês sem sobressaltos. Empréstimos e cheque especial, nem pensar. Volto a perguntar: é você quem controla o seu bolso ou é ele que controla você?;
- **Menos estresse:** os imprevistos vão aparecer, mas você não vai se apavorar porque tem uma reserva de emergência (Caixa da Emergência) justamente para isso. Seu sono, sua relação com a família, sua performance no trabalho, sua qualidade de vida: nada disso será abalado;
- **Usar o dinheiro sem culpa para gerar prazer:** você tem disciplina e atingiu um ponto no qual se permite aproveitar o que o dinheiro pode proporcionar. Comemorar conquistas faz parte do jogo! É uma refeição no restaurante preferido de vez em quando, aquela bolsa que está na lista de desejo há um tempo, ou uma viagem tão sonhada: essas coisas agora cabem no seu orçamento sem transtornos. Permitir-se momentos de lazer e alguns mimos é importante para renovar a motivação em continuar sendo autorresponsável com seu dinheiro;

- **Ter uma boa visão do futuro:** comprometer-se consigo mesmo é a maior demonstração de amor-próprio. Ao seguir um planejamento financeiro (com metas e prazos), poupando, investindo e usando o dinheiro corretamente, você consegue sonhar com um futuro melhor;
- **Liberdade financeira:** por fim, a tão sonhada liberdade financeira é o maior dos benefícios do bem-estar financeiro. Agora, você pode fazer escolhas de acordo com o que realmente importa e faz sentido para você. Aproveite a vida sem culpas, você merece!

CASO 6
A VIRADA DE CHAVE DE CAROLINA

NOME	Carolina
PROFISSÃO	Médica
IDADE	28 anos
RENDA MENSAL FAMILIAR	R$ 10.000
CARACTERÍSTICA TÓXICA PRINCIPAL	Apego a um padrão de vida insustentável
BASE PARA O DESEQUILÍBRIO	Pai controlador

Uma das mentorias que mais me chamou a atenção foi a de Carolina. Ela chegou em um contexto bastante desafiador. Aos 28 anos e terminando sua residência em Medicina, era inimaginável que, por trás de uma mulher inteligente, vivia uma criança ferida e dependente.

As correntes de Carolina eram psicológicas e vinham da sua família. Nessa história, eu mesmo aprendi como o machismo é estrutural e prejudica a vida de milhões de pessoas. No caso de Carolina, seu maior abusador era o seu pai, um latifundiário do interior do Mato Grosso. O abuso não precisa ser físico para ser determinante. Pelo contrário, as marcas deixadas pelo abuso psicológico podem ser eternas. O pai de Carolina fazia o tipo passivo-agressivo. Ou seja, fazia chantagens emocionais para manter o controle sobre a filha.

Carolina morava sozinha em uma cidade distante, no estado do Tocantins. Ali fazia sua residência médica e ganhava sua renda, em torno de 10 mil reais. O valor, que certamente seria o bastante para que ela mantivesse uma boa vida sendo solteira em uma cidade do interior, era, pelo contrário, insuficiente. A jovem médica gastava bem mais do que ganhava, vivia ansiosa e chegou até mim desesperada por estar em um dilema. Carolina sonhava em terminar sua residência e se mudar para uma cidade de praia. Acontece que qualquer cidade praiana a deixaria ainda mais distante de sua família, e de seu pai controlador. Como resultado, ela sofria repetidamente com o abuso psicológico do pai. Ele ameaçava deserdá-la caso ela se mudasse para longe e tentava "comprá-la" oferecendo casa de luxo e fazenda próxima à família. E mais: o pai fazia questão de mandar dinheiro todos os meses para complementar sua renda, e Carolina aceitava. Com isso, o pai selava seu poder de controle sobre a vida da filha. É curioso falar, mas Carolina não percebia que o pai exercia esse controle de maneira abusiva, por meio de um discurso tóxico aparentemente amoroso. Ele dizia que era tudo para o bem dela.

Aos poucos, durante a mentoria, Carolina foi percebendo que a única maneira de se desvincular desse controle paterno seria assumir 100% de sua vida financeira. O seu modelo tóxico de uso do dinheiro precisava ser transformado em um modelo saudável, que incluiria autoconhecimento, autorresponsabilidade e autocontrole. Então, semana após semana, Carolina foi aprendendo a adequar sua renda disponível a um novo padrão. Em cerca de três meses, ela conseguiu se libertar, e não aceitou mais as ofertas financeiras que vinham de seu pai.

Obviamente, essa situação gerou um conflito familiar, mas Carolina, certa dos seus sonhos e consciente do seu poder pessoal para construir uma boa vida financeira, manteve-se firme em sua decisão. Ela, hoje, é uma mulher mais madura e independente graças à sua liberdade financeira.

Você percebe o quanto a nossa vida financeira é feita de escolhas? Compreende quanto bem-estar conseguimos criar se estamos alinhados com sonhos, propósito e um plano para nossa liberdade financeira? Entende o quanto a liberdade financeira pode significar a liberdade integral, com saúde mental e equilíbrio? A liberdade financeira é o caminho para uma vida de bem-estar completo, e espero que você tenha compreendido essa mensagem.

ATIVIDADE FINAL

Você atingiu o bem-estar financeiro?

Lembra o teste do Capítulo 1? Agora que você aprendeu a se relacionar com o seu dinheiro de maneira mais saudável, volte a responder as mesmas perguntas.

MARQUE VERDADEIRO (V) OU FALSO (F)	V	F
1. Por conta da minha atual situação financeira, sinto que nunca serei capaz de alcançar as coisas que quero na vida.		
2. Sinto que estou apenas sobrevivendo financeiramente.		
3. Eu me preocupo com o fato de se o dinheiro que tenho ou poupo vai durar.		
4. Comprar um presente para alguém é algo que compromete minha situação financeira no mês.		
5. Não estou preparado para imprevistos financeiros.		
6. Não estou cuidando do meu futuro financeiro.		
7. Não administro meu dinheiro de modo a sentir que sou capaz de aproveitar a vida.		

Agora, resgate suas respostas iniciais na página 58 e veja a sua evolução. Você conseguiu perceber a sua mudança?

Sua jornada para uma vida financeira saudável e próspera está apenas começando, mas você já deu um imenso pontapé inicial. Você é um ser humano único, com necessidades e desejos únicos e especiais. Busque cada vez mais ampliar essa clareza sobre o que realmente quer para a sua vida, é esse conhecimento que vai ajudar você a equilibrar a sua vida financeira, conseguindo tomar boas decisões no presente que contribuam para o seu bem-estar também no futuro.

Como você viu aqui, falar sobre dinheiro não é banal, mas por isso mesmo não precisa ser pesado, difícil. À medida que vai implementado a organização financeira na sua rotina, você vai ganhando confiança e fazendo cada vez melhor e de modo mais natural. É como qualquer outro hábito que você criou, e precisa de manutenção constante. Uma faxina, por exemplo, precisa acontecer periodicamente, certo? Sua casa vai se tornar um campo de guerra se você só fizer uma faxina a cada três meses.

Com o dinheiro é a mesma coisa, não adianta nada você se organizar agora e não continuar implementando melhorias, cortando custos desnecessários, aprendendo mais sobre investimentos. Você vai incluindo esse conhecimento na sua vida e, em um belo dia, nem se lembrará mais de como é viver no caos financeiro. O dinheiro começa a ocupar o lugar que ele realmente precisa, de maneira equilibrada.

Todos nós precisamos nos sentir importantes, valorizados, admirados. Para muitas pessoas, a realização financeira é o caminho mais curto para essa condição. Porém, mais importante do que ter dinheiro é desenvolver um sentido para a vida, algo que se conecte com a sua essência e que faça você sentir que está contribuindo para algo maior do que si mesmo. Antes de pensar em dinheiro, pense em valor.

Qual é o valor que você está agregando à vida das pessoas? A felicidade pode significar coisas completamente diferentes para cada um de nós, e uma vida financeira mais abundante não necessariamente vai lhe trazer mais felicidade.

Espero que este livro tenha contribuído para você ter se conhecido um pouco melhor e, principalmente, tenha estimulado você a continuar na sua jornada de autoconhecimento, autorresponsabilidade, autocontrole e, como parte de tudo isso, autocuidado. Cuide-se, cuide das pessoas com quem convive, cuide do que estiver ao seu alcance cuidar. Entender e praticar isso é se conectar com o essencial.

Como dizia o escritor chinês Lin Yutang: "A sabedoria da vida consiste em eliminar o que não é essencial".[91] Entender o que é essencial é um processo individual e contínuo. Sua verdadeira liberdade está em se conectar com o essencial, e a sua relação com o dinheiro se torna equilibrada quando você se liberta de padrões antigos e se conecta com a sua nova versão.

Essa é a busca que eu convido você a continuar a partir daqui, relembrando um ensinamento do célebre escritor francês Antoine de Saint-Exupéry: "O essencial é invisível aos olhos".[92]

Chegamos ao fim do livro, e eu estou orgulhoso do caminho que você percorreu e muito animado em saber sobre tudo o que vai realizar na sua vida a partir de hoje.

É hora de comemorar! Você está iniciando uma nova etapa na sua vida financeira.

---

[91] MCKEOWN, G. **Essencialismo**: a disciplinada busca por menos. Rio de Janeiro: Sextante, 2015.

[92] SAINT-EXUPÉRY, A. de. **O pequeno príncipe**. Maringá: Viseu, 2020.

Mais importante do que ter dinheiro é desenvolver um sentido para a vida, algo que se conecte com a sua essência.

@papaifinanceiro

CASE BÔNUS

COMO O AUTOCONHECIMENTO E A AUTORRESPONSABILIDADE CONSTRUÍRAM UM CASE DE EMPREENDEDORISMO – A HISTÓRIA DE LUCIO SANTANA

Oque faço depois de constituir minha família, comprar minha casa e meu carro, viajar, progredir na carreira, ver meus negócios crescerem? A quais planos ainda não dei a devida atenção? O que eu realmente quero?

Essas são as perguntas que Lucio Santana faz no início do seu livro *Autogestação*. Fiquei impressionado ao perceber que os conceitos que ele traz na obra são totalmente conectados à metodologia que desenvolvo aqui com os três autos: autoconhecimento, autorresponsabilidade e autocontrole. Em seu livro, Lucio elabora brilhantemente o conceito de autogestação por meio de sua história pessoal. Para mim, são aquelas conexões únicas para as quais o universo nos prepara. Parece que foi até combinado, mas não foi.

A história de Lucio Santana é um exemplo extraordinário de como o autoconhecimento e a autorresponsabilidade são essenciais para que possamos alcançar os nossos maiores objetivos. Conheci Lucio em um evento de mentoria promovido pelo amigo e empresário Geraldo Rufino. Ele se sentou à mesma mesa que eu, começamos a conversar e encontrei ali uma pessoa com uma história de vida surpreendente.

Lucio logo compartilhou que algum tempo atrás teve uma epifania: em um dia muito difícil, entendeu que estava distante do seu propósito e que precisava retomar sua intimidade com Deus. Nesse mesmo dia, enxergou seu nome dentro da palavra **soLUCIOnador**, e essa descoberta o instigou a buscar seu significado, que é luz.

O que mais me chamou atenção na história de Lucio é o fato de ele, depois de já ter conquistado um alto patamar material e financeiro, decidir se reinventar. Onde foi que ele percebeu que estava distante do seu propósito?

Qual foi a ficha que caiu para que ele entendesse que o dinheiro é apenas um meio para transformação?

Para compreendermos isso, vamos voltar algumas décadas no tempo e contar sua história até o dia da epifania.

A HISTÓRIA DE LUCIO

Lucio nasceu em uma família sem muitos recursos financeiros, mas desde criança teve um DNA empreendedor. Aos 10 anos, vendia doces. Aos 16, trabalhava como vendedor em uma gráfica. Sua expertise nos negócios veio dos aprendizados do pai, que o levava para visitar clientes e o ensinou a respeitá-los e a oferecer sempre além do que pediam. Com seu pai, aprendeu a ser um trabalhador, a ter força e garra. A não desistir.

Sua mãe o fortalecia com palavras de fé e encorajamento. Ela o ensinou a sonhar e a entender que os sonhos são realizáveis. Mas sua vida não foi perfeita; seus pais se separaram quando ele tinha apenas 6 anos e ele não foi um bom aluno na escola, pois não gostava de estudar. Mesmo assim tinha o desejo de ir além, de oferecer mais para sua família.

Foi com esse desejo que ele, aos 19 anos, se jogou no desafio de ir para os Estados Unidos e fazer acontecer, pois, segundo ele, só havia uma opção: dar certo e ponto. Chegou com 1.600 dólares no bolso, sem falar inglês, sem visto de trabalho.

Por lá, fez de tudo um pouco. Sua estratégia para melhorar de vida era sempre superar a expectativa de quem o contratava. Ele me compartilhou que essa prática de entregar mais do que esperavam dele, aliada ao seu esforço para se relacionar bem com as pessoas, abriu muitas portas.

Alguns anos depois, sua vida no exterior deu uma guinada quando foi convidado para atuar no ramo de financiamento de imóveis. Ele aprendeu que, para bater metas, deveria entender o que a pessoa desejava e como poderia ajudá-la a conquistar o que ela queria. Isso, além de gerar negócios, facilitava os relacionamentos. Hoje ele conta que superar expectativas e alimentar uma rede de network potente são a base dos seus resultados.

Em 2014, Lucio abriu sua própria empresa, a Royal Mortgage USA, especializada em financiamento imobiliário, que já ajudou mais de 2 mil famílias de sete estados americanos a realizarem o sonho de ter a casa própria.

Sua trajetória é a história de sucesso do sonho americano realizada por um brasileiro. Lucio enfrentou e venceu. E ele fez tudo com base em princípios que regem a sua vida, mas que só conseguiu identificá-los quando entrou em um processo de autoconhecimento.

Nesse processo, Lucio me contou que entendeu que é justamente nos momentos de desconforto que evoluímos. Me disse que começou a questionar tudo o que o incomodava e buscar uma razão para isso. *Por que será que isso me incomoda?*, ele pensava.

É exatamente ali, segundo ele, que mora a oportunidade de transformação.

O autoconhecimento não é sempre um processo agradável, pelo contrário. Mas sem encararmos de frente nossas sombras nunca vamos evoluir para o próximo nível. Aí também está a autorresponsabilidade de enfrentar nossos problemas e agir como adultos.

MAS QUANDO FOI QUE ESSA CHAVE VIROU?

Ele relata que, em um belo dia em que estava tranquilo, feliz com a sua vida, um amigo entrou em sua sala e o pediu para mentoreá-lo em seu novo negócio. Ele recusou o pedido dizendo que não fazia esse tipo de trabalho.

O amigo, que estava desesperado com problemas em seus negócios, saiu chorando dali. Lucio imediatamente se sentiu envergonhado e com raiva de si próprio. Essa vergonha o fez iniciar um diálogo interno, que o levou a decidir que a partir dali não seria mais uma pessoa egoísta. Ele sempre investiu dinheiro em projetos, mas a partir daquele momento entendeu que ser um investidor é mais do que isso; não é sobre dinheiro, mas sobre pessoas. Acredito que esse foi um chamado de autorresponsabilidade na vida de Lucio.

Segundo ele: "A verdadeira prosperidade só acontece quando substituímos a visão de autorrealização pelo legado. Como as pessoas se lembrarão de você? Qual o impacto social e aprendizado que você quer deixar para as futuras gerações? Questione-se! Perguntas são férteis, geram novidades, mudam a perspectiva".

"Thiago, eu comecei a procurar na minha vida as coisas que me travavam muito, que realmente eram desafios. Nessas áreas eu vi que precisava evoluir".

Achei genial essa habilidade de se provocar que Lucio desenvolveu. Acredito que é exatamente o que nós evitamos olhar onde está o maior desafio. É como o tabu do dinheiro, que as pessoas não querem mexer.

Lucio me disse que em um certo momento os seus questionamentos começaram a aumentar: *por que faço o que faço? Como cheguei até aqui? O que me causa medo? O que o medo já me causou? Por que faço coisas das quais não gosto e por que resisto em tentar algo novo?*

Em *Autogestação*, ele revela uma mensagem arrebatadora: **"Comprometa-se com o processo de superação, o resultado é consequência".**

Nesse foco do processo, ele então relata como foi interessante quando começou a olhar para a vida com mais intencionalidade e a perceber que tudo se conecta e colabora com o nosso propósito de vida. Segundo ele, "o maior desafio nisso tudo é conquistar o autocontrole." Alguma relação com o que eu já trouxe por aqui?

Lucio me contou que esse processo durou nove meses, e foi tão intenso que ele o comparou à uma gestação, o que deu nome ao seu livro *Autogestação*.

Ele e eu falamos muito sobre princípios, acreditamos que esta é a chave para o sucesso nos negócios e na vida, pois quem não tem princípios e valores bem definidos vive à mercê de tendências. É quando encontramos nossa essência que direcionamos nossa vida para o que realmente vale a pena.

Quando definimos bem nossos princípios, definimos também quem entra em nossas vidas e com quem fazemos negócios – e isso faz uma diferença enorme. Conhecer nossos valores nos ajuda a identificar e a respeitar nossos limites.

OS PRINCÍPIOS PMMGGH

Lucio me trouxe uma sigla muito especial e didática, que ele usa para expor seus princípios – **PMMGGH**. Eu gostaria de compartilhar aqui com vocês o significado de cada letra:

- **Paixão:** segundo ele, tudo que você for fazer precisa ser feito com paixão. Quando você tem paixão, você faz acontecer; o mundo, as crises se tornam meros detalhes diante da energia e motivação de uma pessoa apaixonada pela vida, por seus negócios, pelos seus resultados;

"Não adianta nada batalhar para manter o corpo em ordem se a mente está sempre pronta para acabar com o meu trabalho. Tive que aprender a ouvir meus pensamentos e a confrontá-los."
Lucio Santana

@papaifinanceiro

- **Melhor:** faça sempre o seu melhor. Quando você se dedica e faz o seu melhor, as pessoas vão falar de você, vão te conectar com outras pessoas e empresas que vão te ajudar a viver o seu propósito;
- **Mais:** não faça apenas o que é pedido; entregue sempre mais, além, saia da mediocridade de fazer o que todo mundo faz;
- **Gratidão:** seja grato. A gratidão vai te levar a entender seus verdadeiros resultados. Lucio me contou que, em sua jornada até aqui, ele já ganhou grandes valores financeiros e méritos profissionais, mas nada se compara ao que ele ganhou conhecendo sua esposa, que o deu duas lindas filhas e todo suporte para chegar onde ele está. Ele também reforça a gratidão aos seus pais, em especial à sua mãe, que o ensinou a sonhar;
- **Generosidade:** seja generoso com todos, principalmente com aqueles que nada têm a te oferecer, pois a recompensa vem de Deus.
- **Honra:** honre cada pessoa que já contribuiu ou contribui diariamente para que você continue crescendo como pessoa e nos negócios.

POR QUE ISSO É IMPORTANTE?

Agora, por que Lucio me contou isso tudo e eu estou aqui transmitindo para você? Por uma razão simples. Tenho certeza de que se você seguir as orientações do meu livro, a sua vida financeira será mais próspera. Maravilha, mas será que isso é tudo? Qual o verdadeiro objetivo de prosperarmos?

Foi nesse ponto que Lucio me contou que precisou se reinventar. O que vai além da conquista da casa perfeita? Do carro potente? Da vida profissional dos sonhos? Da autorrealização?

Segundo ele, nesse momento de prosperidade financeira, você pode escolher desfrutar da vida maravilhosa que conquistou (e está tudo bem, afinal, é mérito seu olhar ao redor e ver que existem milhares de pessoas que precisam de você, do seu conhecimento, das suas experiências, do seu apoio) ou ir além.

Esses questionamentos o levaram a buscar conhecimento de como ele poderia ajudar outras pessoas a potencializarem seus negócios. Foi então que se descobriu como investidor-anjo, que é uma pessoa física que utiliza seus próprios recursos para investir em negócios e ideias inovadoras com potencial de crescimento. Esse tipo de investimento não está necessariamente baseado apenas no aporte financeiro – o investidor-anjo também pode atuar como um mentor intelectual, dar conselhos, trocar experiências, oferecer suporte quando necessário.

Desde então, o propósito de Lucio é transformar vidas por meio dos negócios. Hoje em dia ele procura pessoas apaixonadas pelo que fazem, que possuem um negócio ou uma ideia inovadora que precisa de investimento.

Nesse momento, querido(a) leitor(a), eu te provoco: quem sabe é você essa pessoa? Será você um potencial novo(a) sócio(a)? Por que não?

Ora, você está aprendendo a lidar com suas emoções financeiras e a transformar a sua relação com o dinheiro em liberdade; quem sabe você não pode se tornar um(a) empreendedor(a)? Pense nisso, busque ir além da autorrealização, investindo em seu legado, em pessoas.

Se essa provocação te pareceu interessante, vou compartilhar aqui o site do Lucio **www.eusouluciosantana.com**. Basta enviar a sua ideia que ele responde. Siga também **@eusouluciosantana** nas redes sociais.

Aproveite a dica e faça um movimento. Oportunidades não surgem, elas são criadas. Estamos aqui para servir, para solucionar problemas e entregar valor para a vida das pessoas.

REFERÊNCIAS BIBLIOGRÁFICAS

2022 PwC Employee Financial Wellness Survey. **PwC**, 2022. Disponível em: https://www.pwc.com/us/en/services/consulting/business-transformation/library/employee-financialwellness-survey.html. Acesso em: 29 jun. 2022.

ADLER, A. **Understanding human nature**. Londres: Routledge, 2013.

AMABILE, T. M.; KRAMER, S. J. The power of small wins. **Harvard Business Review**, 2011. Disponível em: https://hbr.org/2011/05/the-power-of-small-wins. Acesso em: 25 maio 2022.

AMARO, D. 48% dos consumidores brasileiros não controlam as próprias finanças. **Edição do Brasil**, 21 fev. 2020. Disponível em: https://edicaodobrasil.com.br/2020/02/21/48-dos-consumidores-brasileiros-nao-controlam-proprias-financas/. Acesso em: 5 abr. 2022.

ANBIMA – Associação Brasileira das Entidades dos Mercados Financeiro e de Capitais. **5º Raio X do Investidor Brasileiro**. 5ª ed., 2022. Disponível em: https://www.anbima.com.br/pt_br/especial/raio-x-do-investidor-2022.htm. Acesso em: 21 ago. 2022.

ANDRADE, J. Medo de dinheiro? Quase 50% dos brasileiros têm pavor de encarar suas finanças. **Estadão**, 1º dez. 2020. Disponível em: https://einvestidor.estadao.com.br/educacao-financeira/medo-lidar-com-dinheiro/. Acesso em: 23 abr. 2022.

ATALAY, A. S.; MELOY, M. G. Retail therapy: a strategic effort to improve mood. **Psychology & Marketing**, v. 28, n. 6, p. 638-659, 2011. Disponível em: https://doi.org/10.1002/mar.20404. Acesso em: 20 ago. 2022.

AUTORRESPONSABILIDADE: um conceito poderoso para a realização de suas metas. **Febracis**. Disponível em: https://febracis.com/autorresponsabilidade/. Acesso em: 11 ago. 2022.

ÁVILA, F.; BIANCHI, A. M. O que é? **Economia comportamental**. Disponível em: https://www.economiacomportamental.org/o-que-e/. Acesso em: 2 jul. 2022.

BARRÍA, C. Como é viver com crometofobia, o medo de gastar dinheiro. **BBC**, 1º nov. 2021. Disponível em: https://www.bbc.com/portuguese/geral-59098636 Acesso em: 18 jun. 2022.

BECK, K. O que leva às compras por impulso – e como educar a mente para fugir delas. **BBC**, 8 ago. 2017. Disponível em: https://www.bbc.com/portuguese/vert-cap-40723595. Acesso em: 20 ago. 2022.

BEVILÁQUA, L.; CAMMAROTA, M.; IZQUIERDO, I. In: Ganhos cerebrais. **Mente & Cérebro**: o olhar adolescente. São Paulo: Duetto Editora, v. 3, p. 14-19, 2007.

BION, W. R. **Attention and interpretation**. Londres: Routledge, 2013.

KARIMOVA, H. The emotion wheel: what is it and how to use it. **Positive Psychology**. Disponível em: https://positivepsychology.com/emotion-wheel/. Acesso em: 12 jan. 2023.

BRACKETT, M. **Permissão para sentir**: como compreender nossas emoções e usá-las com sabedoria para viver com equilíbrio e bem-estar. Rio de Janeiro: Sextante, 2021.

BRASIL: implementando a estratégia nacional de educação financeira. Disponível em: https://www.bcb.gov.br/pre/pef/port/Estrategia_Nacional_Educacao_Financeira_ENEF.pdf. Acesso em: 22 mar. 2022.

CARLSON, K. et al. Bankruptcy rates among NFL players with short-lived income spikes. **American Economic Review**, v. 105, n. 5, p. 381-384, maio 2015. Disponível em: https://www.aeaweb.org/articles?id=10.1257/aer.p20151038. Acesso em: 13 abr. 2022.

CHACE, W. M. The unhappiness of happiness. **The Hedgehog Review**, v. 18, n. 2, p. 98-106, 2016. Disponível em: https://hedgehogreview.com/issues/meritocracy-and-itsdiscontents/articles/the-unhappiness-of-happiness. Acesso em: 24 jun. 2022.

CHAPMAN, G. B.; JOHNSON, E. J. The limits of anchoring. **Journal of Behavioral Decision Making**, v. 7, n. 4, p. 223-242, 1994. Disponível em: https://doi.org/10.1002/bdm.3960070402. Acesso em: 8 jul. 2022.

Cherry Blossom Financial Education at Global Financial Literacy Excellence Center (GFLEC), Washington (EUA), abr. 2017; Money Smart Week, Chicago (EUA), abr. 2017; Association for Fundraising Professionals, New Orleans (EUA), abr. 2018; OECD-Russia symposium on financial literacy, Moscou (Rússia), out. 2018; 5th Child and Youth Finance International, Johannesburg, (África do Sul), jun. 2019; Encuentro Sparkassenstiftung Latinoamérica y el Caribe, Quintana Roo (México), ago. 2019.

CHOPRA, D. **As sete leis espirituais do sucesso**. Porto Alegre: BestSeller, 2020.

COMO quebrar o tabu do dinheiro? **XP Educação**, 16 nov. 2020. Disponível em: https://xpeedschool.com.br/blog/como-quebrar-o-tabu-do-dinheiro/. Acesso em: 31 mar. 2022.

COMO treinar seu autocontrole para não estragar sua vida, segundo neurocientista de Stanford. **Comunidade VIP**, 22 abr. 2022. Disponível em: https://comunidadevip.com.br/2022/04/22/como-treinar-seu-autocontrole-para-nao-estragar-sua-vida-segundoneurocientista-de-stanford/. Acesso em: 20 ago. 2022.

Conheça as 5 principais emoções humanas. **Vittude**, 20 nov. 2019. Disponível em: https://www.vittude.com/blog/conheca-as-emocoes/. Acesso em: 18 maio 2022.

CONSUMER FINANCIAL PROTECTION BUREAU CFPB. **Measuring financial well-being**: a guide to using the CFPB Financial Well-Being Scale. Washington: CFPB, 2015. Disponível em: https://files.consumerfinance.gov/f/201512_cfpb_financial-well-being-user-guide-scale.pdf. Acesso em: 27 jul. 2022.

COUTO, L. F. S. Dora, uma experiência dialética. **Ágora: Estudos em Teoria Psicanalítica**, v. 7, n. 2, p. 265-278, 2004. Disponível em: https://doi.org/10.1590/S1516-14982004000200006. Acesso em: 11 ago. 2022.

DANIEL Kahneman: why we make bad decisions about money (and what we can do about it). 2012. Vídeo (3 min. 56 s.). Publicado pelo canal **Big Think**. Disponível em: https://www.youtube.com/watch?v=Kpev-Lb0EAg. Acesso em: 16 maio 2022.

DARWIN, C.; LORENZ, K. **A expressão das emoções no homem e nos animais**. São Paulo: Companhia das Letras, 2000.

DE LA ROSA, W. 3 psychological tricks to help you save money. **TED**, 2019. Disponível em: https://www.ted.com/talks/wendy_de_la_rosa_3_psychological_tricks_to_help_you_save_money/transcript?language=en#t-315726. Acesso em: 19 jul. 2022.

DUHIGG, C. **O poder do hábito**: por que fazemos o que fazemos na vida e nos negócios. Rio de Janeiro: Objetiva, 2012.

EBATES Survey: adults (96%) and teens (95%) agree: retail therapy is good for the soul. **Business Wire**, 15 mar. 2016. Disponível em: https://www.businesswire.com/news/home/20160315005531/en/Ebates-Survey-Adults-96-Teens-95-Agree%E2%80%94Retail. Acesso em: 9 dez. 2022.

FERRARI, H. Taxa Selic sobe para 13,75%, a 12ª alta seguida. **Poder 360**, 3 ago. 2022. Disponível em: https://www.poder360.com.br/economia/taxa-selic-sobe-para-1375-a-12a--alta-seguida/. Acesso em: 23 ago. 2022.

GIANNETTI, E. **O valor do amanhã**. São Paulo: Companhia das Letras, 2012.

GODOY, T. **O papel do comportamento financeiro e da educação financeira no endividamento**. Dissertação (Mestrado) – Fundação Getúlio Vargas. São Paulo, 2019. Disponível em: https://bibliotecadigital.fgv.br/dspace/handle/10438/28144. Acesso em: 15 maio 2022.

GOEKING, W. Brasileiros ligam finanças pessoais a sentimentos ruins e perpetuam tabu sobre dinheiro. **Valor Investe**, 10 nov. 2020. Disponível em: https://valorinveste.globo.com/educacao-financeira/noticia/2020/11/10/brasileiros-ligam-financas-pessoais-a-sentimentos-ruins-e-perpetuam-tabu-sobre-dinheiro.ghtml. Acesso em: 24 mar. 2022.

GOMES, D. Autoconhecimento. Alguns caminhos para alcançar o seu. **Vida Simples**, 18 ago. 2020. Disponível em: https://vidasimples.co/ser/o-caminho-para-o-autoconhecimento/. Acesso em: 11 jun. 2022.

HALLBOM, K.; D'ALO, A. A psicologia do dinheiro, prosperidade e abundância. **Golfinho**, 21 set. 2004. Disponível em: https://golfinho.com.br/artigo/a-psicologia-do-dinheiroprosperidade-e-abundancia.htm. Acesso em: 12 maio 2022.

HARARI, Y. N. **Sapiens**: uma breve história da humanidade. Porto Alegre: L&PM, 2015.

HERSHFIELD, H. How availability bias and FOMO can impact financial decision-making. **Avantis Investors**, 2020. Disponível em: https://www.

avantisinvestors.com/avantis-insights/availability-bias-and-fomo-impact-decision-making/. Acesso em: 8 jul. 2022.

HILL, N. **A lei do triunfo**. Rio de Janeiro: José Olympio, 2015.

HOLIDAY, R. **O ego é seu inimigo**: como dominar seu próprio adversário. Rio de Janeiro: Intrínseca, 2017.

IBGE – Instituto Brasileiro de Geografia e Estatística. **Pesquisa Nacional por Amostra de Domicílios Contínua – PNAD Contínua: Rendimento de todas as fontes**, 2019. Disponível em: https://biblioteca.ibge.gov.br/visualizacao/livros/liv101709_informativo.pdf. Acesso em: 23 ago. 2022.

IMBROISI, M. A Liberdade guiando o povo – Eugène Delacroix. **História das Artes**, 16 dez. 2017. Disponível em: https://www.historiadasartes.com/sala-dos-professores/aliberdade-guiando-o-povo-eugene-delacroix/. Acesso em: 10 jun. 2022.

KAHNEMAN, D. **Rápido e devagar**: duas formas de pensar. Rio de Janeiro: Objetiva, 2012.

KAHNEMAN, D.; DEATON, A. High income improves evaluation of life but not emotional well-being. **Proceedings of the National Academy of Sciences**, v. 107, n. 38, p. 16.489-16.493, 2010. Disponível em: https://doi.org/10.1073/pnas.1011492107. Acesso em: 24 jun. 2022.

KLAYMAN, J. Varieties of confirmation bias. **Psychology of learning and motivation**, v. 32, p. 385-418, 1995. Disponível em: https://doi.org/10.1016/S0079-7421(08)60315-1. Acesso em: 9 dez. 2022.

KLONTZ, B. et al. Money beliefs and financial behaviors: development of the klontz money script inventory. **Journal of Financial Therapy**, v. 2, n. 1, p. 1-22, 2011. Disponível em: https://pdfs.semanticscholar.org/1836/6e6a516dc86fbf84261cbb26328b91fdf029.pdf?_ga=2.37278372.589446042.1648583093-2130413314.1648583093. Acesso em: 31 mar. 2022.

LA FONTAINE, J. de. **A cigarra e a formiga**. Disponível em: https://www.ipirangadonorte.mt.gov.br/fotos_escola/942.pdf. Acesso em: 18 ago. 2022.

LAFRENIERE, L. S.; NEWMAN, M. G. Exposing worry's deceit: percentage of untrue worries in generalized anxiety disorder treatment. **Behavior therapy**, v. 51, n. 3, p. 413-423, 2020. Disponível em: https://doi.org/10.1016/j.beth.2019.07.003. Acesso em: 22 jun. 2022.

MALOUFF, J. M.; EMMERTON, A. J.; SCHUTTE, N. S. The risk of a halo bias as a reason to keep students anonymous during grading. **Teaching of Psychology**, v. 40, n. 3, p. 233-237, 2013. Disponível em: https://doi.org/10.1177/009862831348742. Acesso em: 19 jul. 2022.

MALTZ, M. **Psycho-Cybernetics**: updated and expanded. Londres: Souvenir Press, 2022.

MARQUES, J. R. Autorresponsabilidade – o que é e qual a sua importância? **Instituto Brasileiro de Coaching (IBC)**, 26 fev. 2021. Disponível em: https://www.ibccoaching.com.br/portal/mudanca-de-vida/autorresponsabilidade-o-que-e-e-qual-a-sua-importancia/. Acesso em: 12 ago. 2022.

MARSHALL, J. **Hansel and Gretel**. Norwalk: Weston Woods, 1990.

MCKEOWN, G. **Essencialismo**: a disciplinada busca por menos. Rio de Janeiro: Sextante, 2015.

MEIRELLES, V. M. et al. **Atitudes, crenças e comportamentos de homens e mulheres em relação ao dinheiro na vida adulta**. Tese (Doutorado) – Pontifícia Universidade Católica de São Paulo. São Paulo, 2012. Disponível em: https://tede2.pucsp.br/handle/handle/15216. Acesso em: 15 maio 2022.

MISCHEL, W. et al. "Willpower" over the life span: decomposing self-regulation. **Social Cognitive and Affective Neuroscience**, v. 6, n. 2, p. 252-256, abr. 2011. Disponível em: https://doi.org/10.1093/scan/nsq081. Acesso em: 23 maio 2022.

MISCHEL, W. **The marshmallow test**: understanding self-control and how to master it. Nova York: Random House, 2014.

MOTIVAÇÃO. **Michaelis**: dicionário brasileiro da língua portuguesa. Disponível em: https://michaelis.uol.com.br/moderno-portugues/busca/portugues-brasileiro/motivacao/. Acesso em: 27 jun. 2022.

MOURA, T.; GONÇALVES, R. Pesquisa aponta que inadimplência tira o sono e afeta saúde da população. **Correio Braziliense**, 28 maio 2019. Disponível em: https://www.correiobraziliense.com.br/app/noticia/economia/2019/05/28/internas_economia,757987/divida-faz-mal-para-a-saude.shtml. Acesso em: 24 mar. 2022.

MURPHY, J. **O poder do subconsciente**. Rio de Janeiro: BestSeller, 2021.

NÃO existe autocontrole futuro (portanto, não se tapeie...). Vera Rita de Mello Ferreira. 2019. Vídeo (4 min. 32 s.). Publicado pelo canal **Pílulas** de psicologia econômica dra Vera Rita. Disponível em: https://www.youtube.com/watch?v=2I7RTKUYbc0. Acesso em: 20 ago. 2022.

O QUE são crenças limitantes e como elas minam sua vida? **Febracis**. Disponível em: https://febracis.com/crencas-limitantes/. Acesso em: 12 maio 2022.

PAGANO, C. R. R. Sistema límbico: o centro das emoções. **TeleNeuroEnsaios**, 2003. Disponível em: http://www.edumed.org.br/cursos/neurociencia/cdrom/Monografias/. Acesso em: 13 jan. 2023.

PARKER, T. Why athletes go broke. **Investopedia**, 19 jun. 2022. Disponível em: https://www.investopedia.com/financial-edge/0312/why-athletes-go-broke.aspx. Acesso em: 13 abr. 2022.

PIMENTA, T. Ego: saiba como ele influencia seu comportamento e sucesso. **Vittude**, 13 maio 2019. Disponível em: https://www.vittude.com/blog/influencia-do-ego/. Acesso em: 29 jun. 2022.

RODRIGUES, C. M. D. **Heranças intergeracionais e o significado e o uso do dinheiro**. Monografia – Universidade de Taubaté, São Paulo, 2019. Disponível em: http://repositorio.unitau.br/jspui/handle/20.500.11874/5629. Acesso em: 14 maio 2022.

RODRÍGUEZ, M. Neurofinanças: a ciência que busca desvendar o cérebro para ficarmos mais ricos (e felizes). **BBC**, 27 nov. 2020. Disponível em: https://www.bbc.com/portuguese/geral-55096446. Acesso em: 12 jun. 2022.

RYU, S.; FAN, L. The relationship between financial worries and psychological distress among U.S. adults. **J Fam Econ Issues**, 1º fev. 2022, p. 1-18. Disponível em: https://doi.org/10.1007/s10834-022-09820-9. Acesso em: 19 fev. 2022.

SAINT-EXUPÉRY, A. de. **O pequeno príncipe**. Maringá: Viseu, 2020.

SARAMAGO, J. **A jangada de pedra**. São Paulo: Companhia das Letras, 2006. p. 37.

SCHWARTZ, B. **The paradox of choice**: why more is less. New York: Harper Collins, 2004.

SERASA; OPINION BOX. **Pesquisa 2021**: endividamento. Disponível em: https://www.serasa.com.br/assets/cms/2021/Pesquisa-Endividamento-2021-Release-..pdf. Acesso em: 29 jun. 2022.

SERUCA, T. C. M. **Córtex pré-frontal, funções executivas e comportamento criminal**. Tese (Doutorado em Psicologia) – Instituto Universitário de Ciências Psicológicas, Sociais e da Vida. Lisboa, 2013. Disponível em: https://repositorio.ispa.pt/handle/10400.12/2735. Acesso em: 15 ago. 2022.

SHAFIR, E.; MULLAINATHAN, S. Scarcity: why having too little means so much. **Social Policy**, v. 46, n. 2, p. 231-249, 2013.

SHAPIRO, G. K.; BURCHELL, B. J. Measuring financial anxiety. **Journal of Neuroscience, Psychology, and Economics**, v. 5, n. 2, p. 92-103, 2012. Disponível em: https://doi.org/10.1037/a0027647. Acesso em: 18 jun. 2022.

SPARKES, M.; GUMY, J.; BURCHELL, B. Debt: beyond homo economicus. In: A. Lewis (Org.). **The Cambridge handbook of psychology and economic behaviour**. Cambridge: Cambridge University Press, 2018. p. 198-233.

SUZUKI, S. Como falta de dinheiro prejudica inteligência e afeta decisões. **BBC**, 29 maio 2022. Disponível em: hhttps://www.bbc.com/portuguese/brasil-61572670. Acesso em: 27 jun. 2022.

TABU: um estudo sobre a relação do brasileiro com o dinheiro. **Itaú**. Disponível em: https://www.itau.com.br/content/dam/itau/varejo/educacao-financeira/pdf/estudo-itau-dinheiro20.pdf. Acesso em: 2 jun. 2022.

TER autocontrole torna uma pessoa mais feliz, diz estudo. **Veja**, 25 jun. 2013. Disponível em: https://veja.abril.com.br/saude/ter-autocontrole-torna-uma-pessoa-mais-feliz-diz-estudo/. Acesso em: 22 ago. 2022.

VIEIRA, P. **O poder da autorresponsabilidade**: a ferramenta comprovada que gera alta performance e resultados em pouco tempo. São Paulo: Gente, 2018.

WATSON, J. B. **Behaviorism**. Londres: Routledge, 2017.

WHY you feel what you feel | Alan Watkins | TEDxOxford. 2015. Vídeo (20 min. 18 s.). Publicado pelo canal **TEDx Talks**. Disponível em: https://www.youtube.com/watch?v=h-rRgpPbR5w. Acesso em: 6 dez. 2022.

Este livro foi impresso pela
Edições Loyola em papel
lux cream 70g/m² em
maio de 2024.